V.
2493.

22004

REGLES

DES CINQ ORDRES

D'ARCHITECTVRE

DE VIGNOLLE

*Reueuee Augmentees et Reduites
de Grand en petit par le Muet*

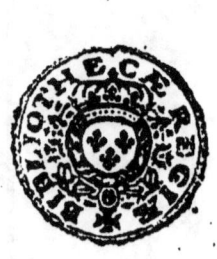

A PARIS,

*Chez Melchior Tauernier, Graueur &
Imprimeur du Roy pour les Tailles douces,
demeurant en l'isle du Pallais sur le
quay qui regarde la Megisserie*

1632

Auec Priuilege du Roy 1632.

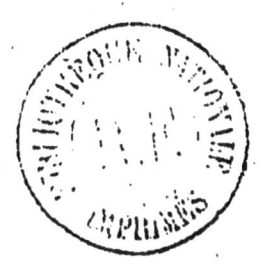

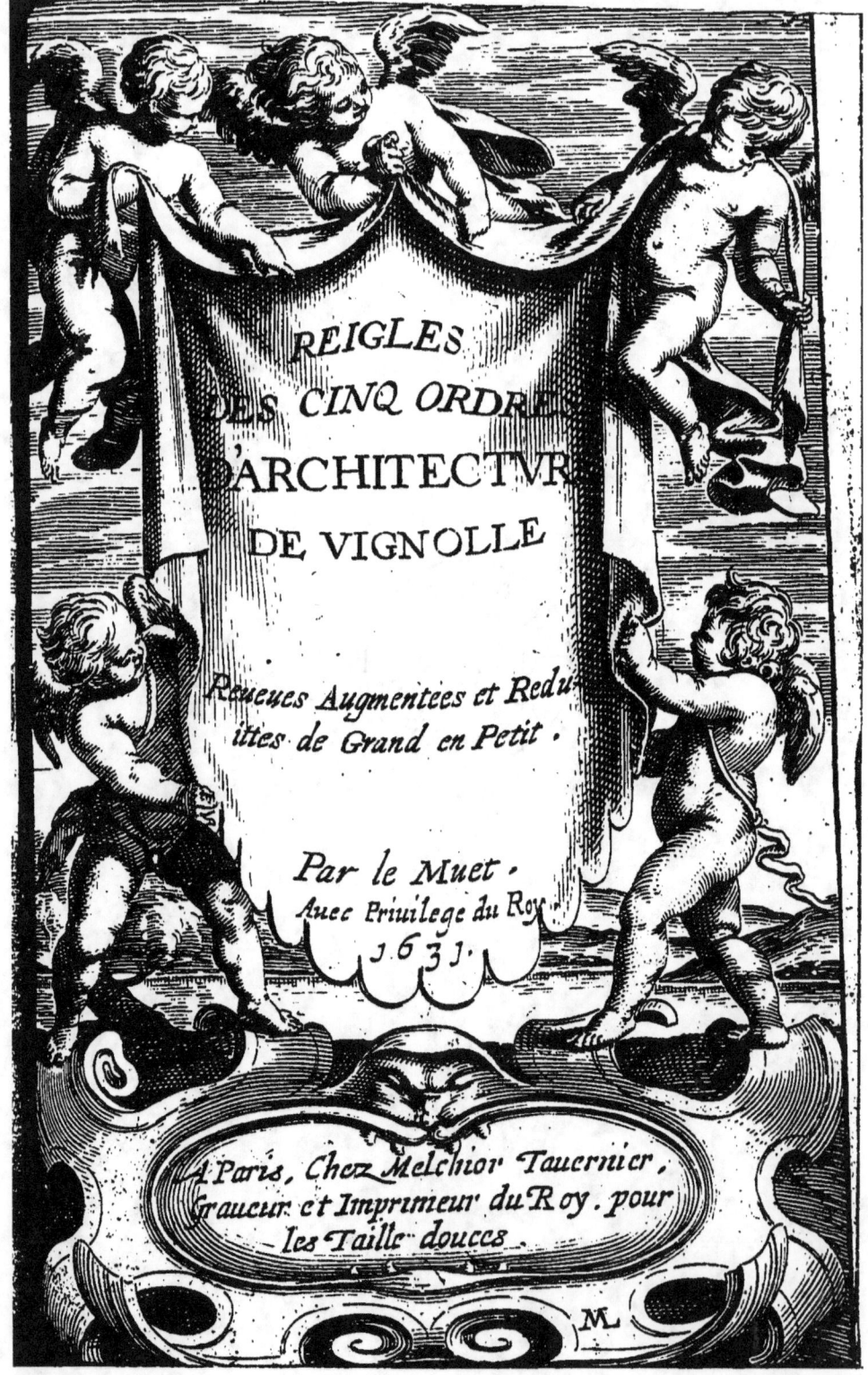

REIGLES
DES CINQ ORDRES
D'ARCHITECTVR
DE VIGNOLLE

Reueues Augmentees et Redu
ittes de Grand en Petit.

Par le Muet.
Auec Priuilege du Roy
1631.

A Paris, Chez Melchior Tauernier,
Graucur et Imprimeur du Roy, pour
les Taille douces.

M

Aduis au Lecteur.

AVant que passer oultre. jay jugé, quil estoit a propos pour les moins intelligents en ceste science, donner a entendre que c'est que module, qui n'est autre chose. qu'une mesure de la longueur du semy diamettre de la Coulonne que voulez construire

Exemple soit le diamettre de la Coulonne A de 18. 16. ou 12. poulces ou quelque autre nombres son semy diamettre sera de 9. 8. ou 6. lequel semy diamettre s'apellera module qui sera party en 12. parties esgalles. desquelles on vzera pour proportionner touttes les parties de ladite coulonne

OR jl est a notter que ceste particion du module en 12. parties esgalles ne ce pratique qu'ez ordres Toscan, et Dorique, et que pour les autres ordres, il se diuise en 18. parties esgalles.

A Monseigneur de la Vrilliere
Secretaire d'Estat.

Monseigneur

Puifque vous appuyaftes le defir que j'eus de
trauailler a cet ouurage lors que je pris la
hardieffe de vous le communiquer, vous luy de=
uez ce me femble l'honneur de voftre protection,
a cefte heure que je luy fais voir la lumiere, C'eft
le feul moyen dont je me fuis aduifé pour le ren=
dre recommandable; car dautant qu'on fcait bien que
vous n'eftes le plus curieux de tous les hommes,
qu'a caufe de la connoiffance particuliere que vous
auez des belles chofes, quand on verra voftre nom
au frontifpice de ces deffeins, on en fera fans doute
vn jugement fauorable. je n'en oferois dire dauan=
tage a celuy qui connoit les defauts et les perfec=
tions de toutes chofes, et qui pourtant ne conceura
jamais combien parfaittement je fuis

Monseigneur

Son treshumble et trefobeiffant
feruiteur le Muet.

N'Ayant trouué entre les Antiquitez de Rome
aucun ornement Toscan, du quel j'aye peu
former vne reigle, comme j'ay bien fait des
autres quattre Ordres, Dorique, Ionique, Corinthien & Composé je me suis serui de lau-
thorité de Vitruue liure 4. chapit. 7. Ou il dit,
que la Colomne Toscane doit auoir la hauteur
de sept de ses propres grosseurs auec la base & le chapiteau. au reste de l'ornement.
a sauoir l'architraue, la frise & la liste ou
Corniche il me semble chose conuenable, qu'
on y garde la reigle que j'ay trouuee es autres ordres c'est a sauoir, que l'Architraue,
la frise & la corniche soyent le quart de
la hauteur de la Colomne, laquelle est de 14.
Modules, auec la base et le chapiteau, comme
l'on voit ici noté par nombres: et ainsi l'Architraue, frise et corniche, tiendront 3 ½ Modules,
qui est le quart de 14. ses membres particuliers
seront notez a menu chascun en son lieu.

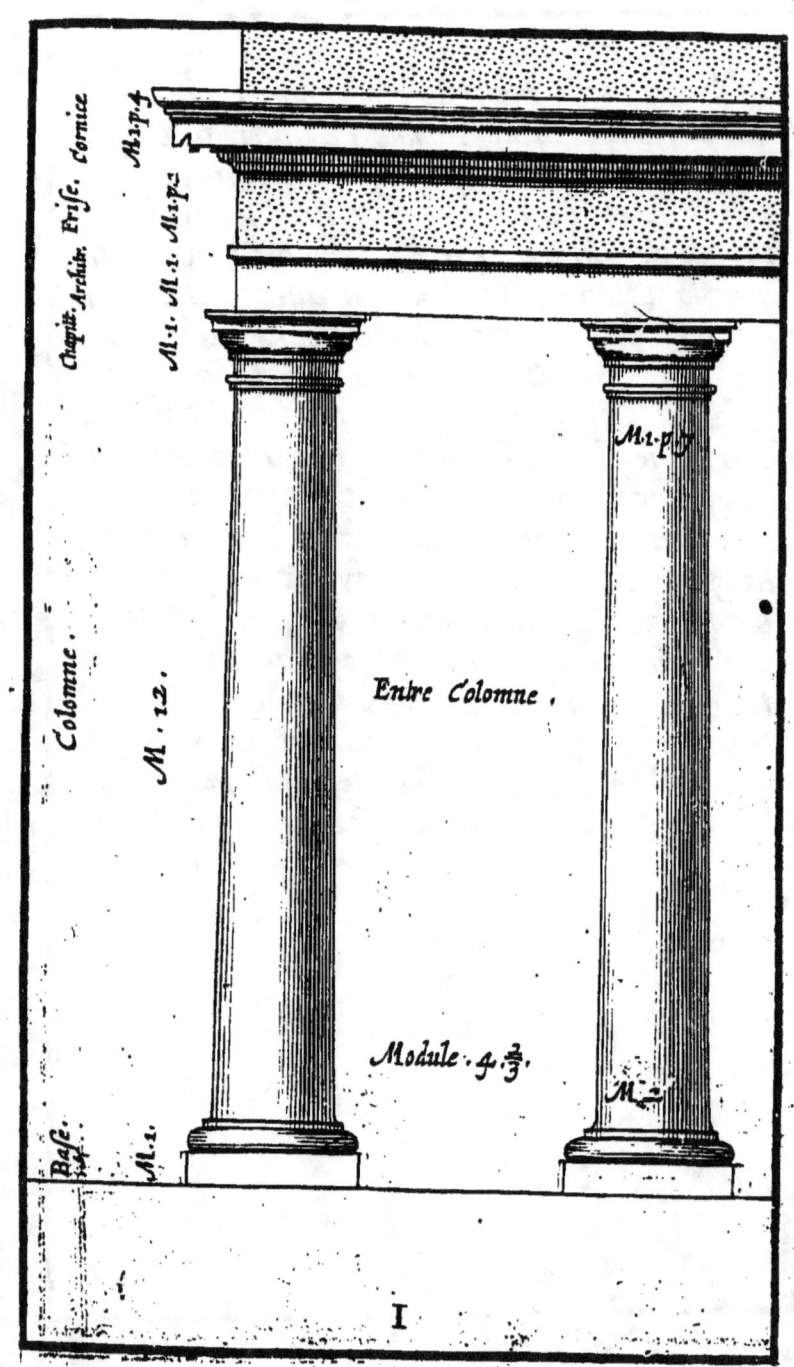

Chapit. Archit. Frise. Cornice

Colomne.

Base.

M.29.p.4.

M.1. M.1. M.1.p.2.

M.1.p.5.

M.1.

M.12.

M.1.

Entre Colomne.

Module. 4.⅔.

M.2.

I

QVand l'Ordre Toscan devra estré fait sans
piedestal on diuisera sa hauteur entiere en
17 ½ parties, chascune des quelles sera par nous
apellee Module, lequel nous diuisons en 12
parties egales, & de celles ci est formé l'Ordre
tout entier, auec ses membres particuliers, cõme
l'on voit en ce portrait, qui est quote par nom=
bres tant rompus que entiers.

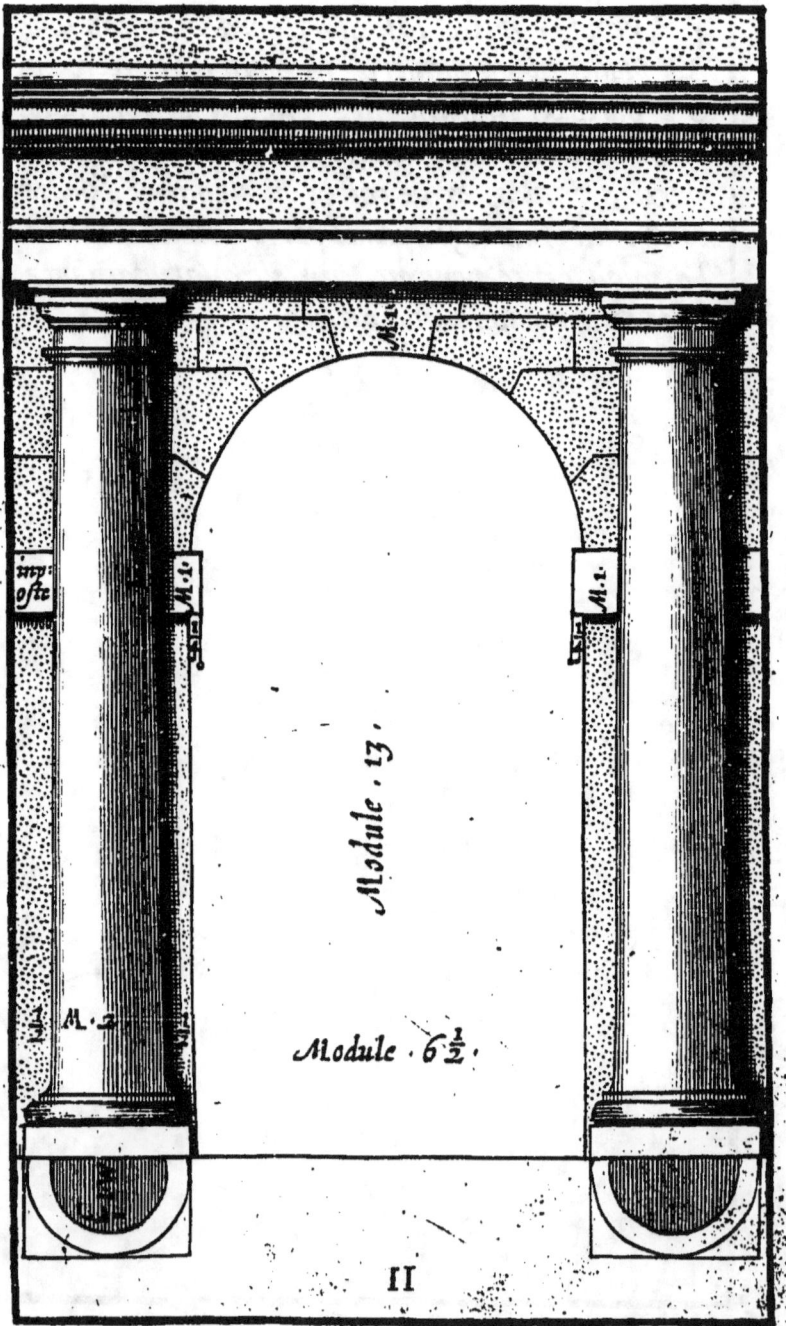

Module · 13 ·

Module · 6½ ·

II

MAis ayant a eſtre fait le dit Ordre auec
ſon piedeſtal ſa hauteur toute entiere ſera
diuiſee en 22 parts & ⅙, ce qu'on fait, pource
que le piedeſtal requiert d'auoir en hauteur
le tiers de ſa colomne, auec la baſe & le chapiteau, laquelle eſtant de 14 Modules, le tiers
en reuient a quatre Modules & ⅔, leſquels ad-
iouſtez a 17 ½ font enſemble 22 . ⅙

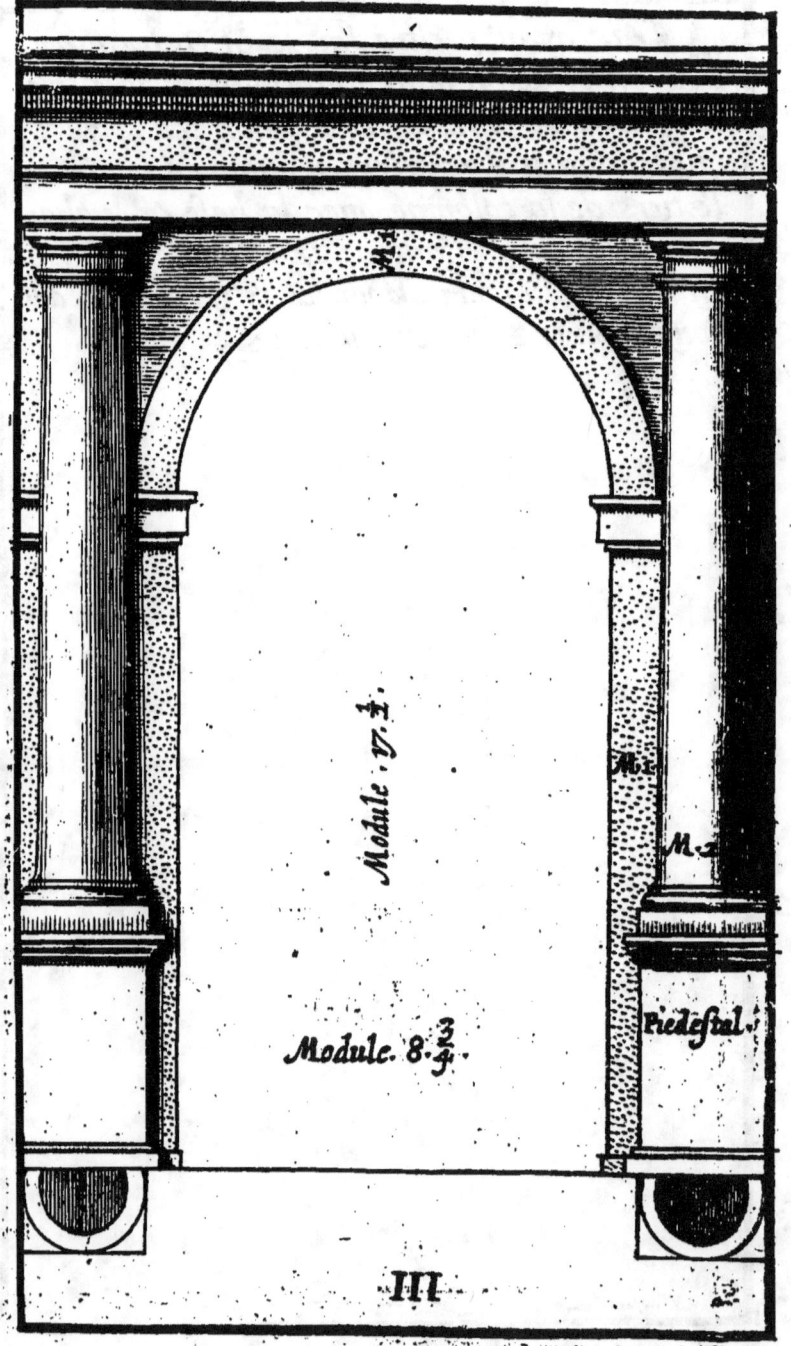

ENcor que en l'ordre Tofcan il n'aduient que bien ra=
rement qu'on y face piedeftal, fi efice, que pour fui=
ure l'ordre, je l'ay propofé en ce deffeing, vous aduertiffant
en outre, qu'en tous les cinq Ordres j'ay obferué pour
reigle generale, que les piedeftaux auec leurs orne=
ments doiuent eftre le tiers de leur colône auec fa
bafe & chapiteau : tout ainfi que l'ornement d'en
haut, afauoir l'Architraue frife & corniche, en doit ef=
tre la quatriefme partie et celle Intelligence donne
vn grand foulagement a ceux qui trauaillent
Pource qu'ayant a faire l'vn ou lautre des cinq Or=
dres, apres auoir determinee la hauteur qu'il doit a=
uoir, icelle eft diuifee en dix neuf parties, auec fes or=
nemens. Apres cela on prend de rechef la haute=
ur de la colomne auec fa bafe & chapiteau &
fait on la diuifion de fes modules, felon qu'elle fera
ou Dorique ou de quelque autre Ordre, & puis apres
tout le refte eft bafti par ce module diuifé en fes par=
ties comme lon voit en fon lieu——

A Fufte de la Colomne. B La ceincture plus baffe
de la colomne ou reigle du bafe. C le Tore. D le Plin=
the. E le Lifteau, non general, & vfé indifferenmët
en tous membres femblables. foyent ils plus pe=
tits ou plus grands. F. la gueule renuerfee, G le
piedeftal. H le Lifteau ceincture ou reigle, I le
plinthe du piedeftal——

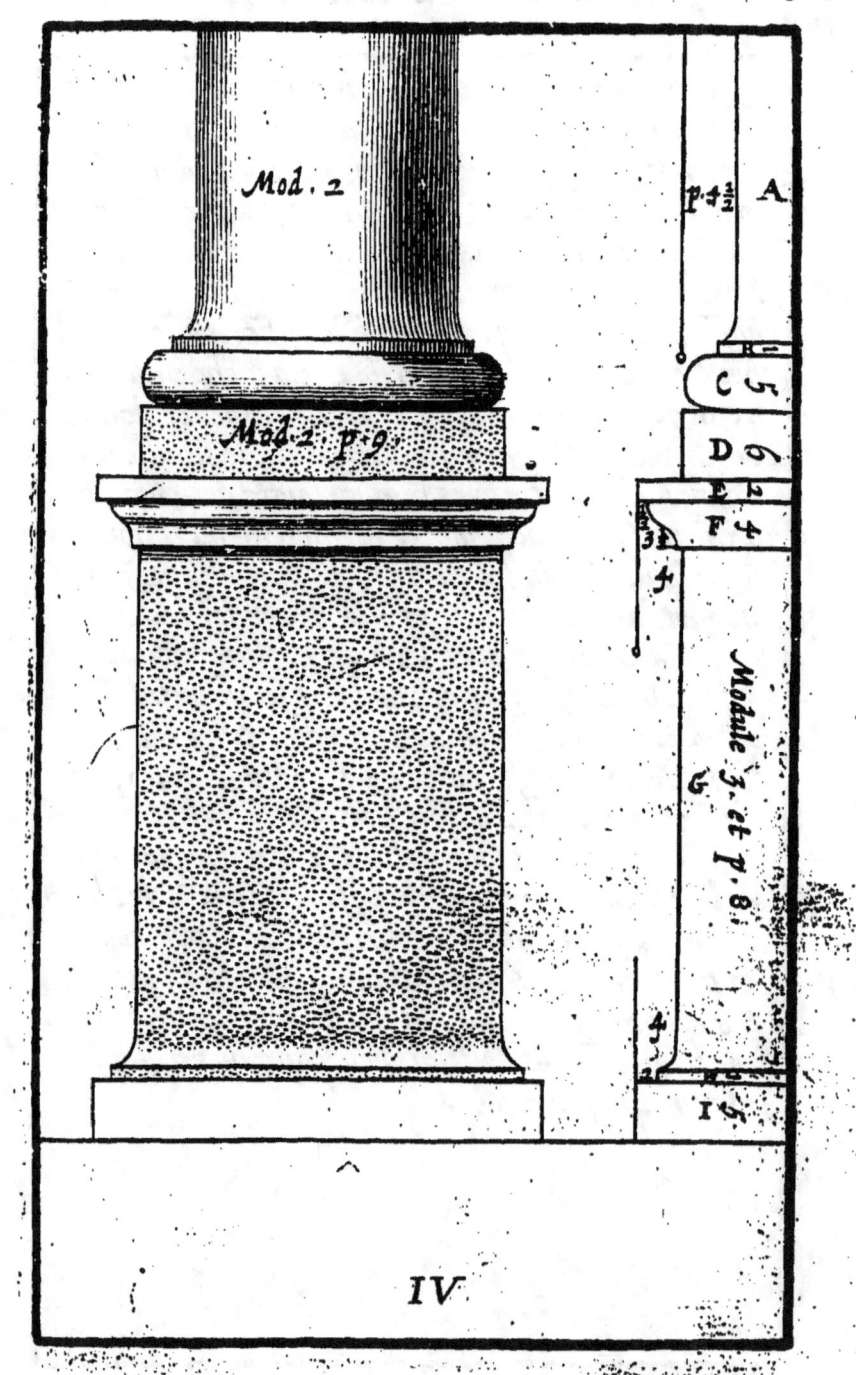

Mod. 2

Mod. 1 p. 9

p. 4½ A

C 5

D 6

E 2

F 4

Module 3. et p. 8.

IV

Ayant descrit generalement ci dessus les mesures prinsipales pour faire l'Ordre Toscan,
j'ay dessigné ici & en la page precedente
ces parties en gros, afin que particulieremēt
on voye la diuision de chascun des plus pe-
tits membres auec les projectures tout ensemble, & afin que la clarté du desseing auec
les nombres y adioustez soit suffisante de par
soy a se faire entendre sans beaucoup de
paroles, comme tout homme de consideration pourra cognoistre aisement de luy mesme

A Lœuf, B Rondeau, C Listeau ou Reiglet
D Couronne ou Goutierre, E Listeau, F Gueile
renuersee, G Frise H Liste de l'Architraue, I
l'Architraue, K Listeau de l'Abaco, L Abaco,
M Oeuf N Listeau, O Frise du chapiteau, P
Rondeau, Q Collier de la Colomne, R Fuste de la
Colomne

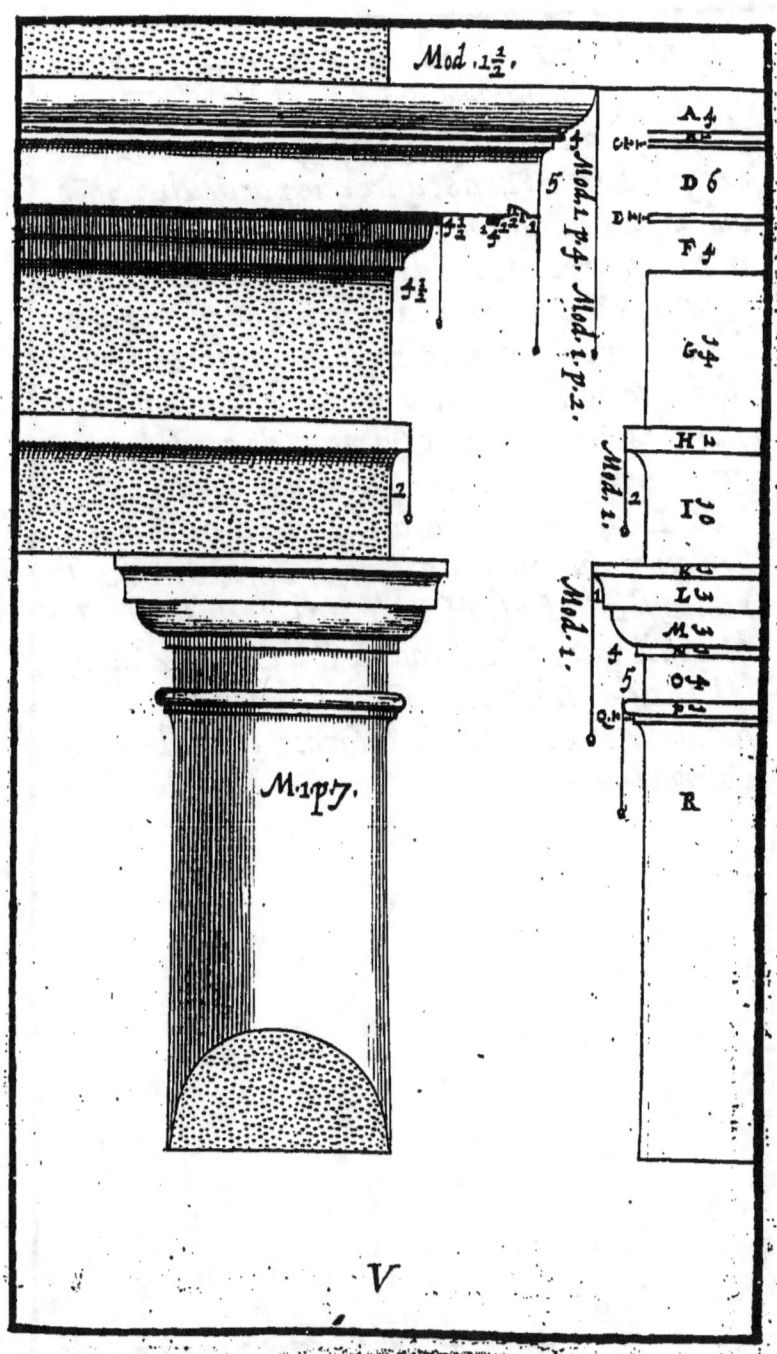

Mod. 1½.

M. 1 p 7.

V

LA maniere de faire la diuision de ceste
ordonnance Dorique sans piedestal, est
telle: Toute sa hauteur est diuisee en 20 parties, & de l'une d'icelles est fait son Module,
lequel est aussi diuise en 12 parties, tout ainsi qu'
e celuy de l'ordonnance Toscane. A la Base auec
l'anneau ou ceincture plus basse de la colomne,
sera donné un Module. Le tronc ou fuste de la co:
lomne sans la mébrure plus basse sera fait de 14
modules, le chapiteau d'un module et l'ornent,
c'est ascauoir l'Architraue, Frise & Corniche, se:
ra de 4 modules, qui est le quart de la Colône
auec sa base & chapiteau, côme desia nous a:
uons dit ci dessus, que l'Architraue doit estre
d'un, la frise d'1½ & la corniche d'1½ qui ad:
joustez ensemble font 4, & sommez auec les au:
tres reuienent a 20.

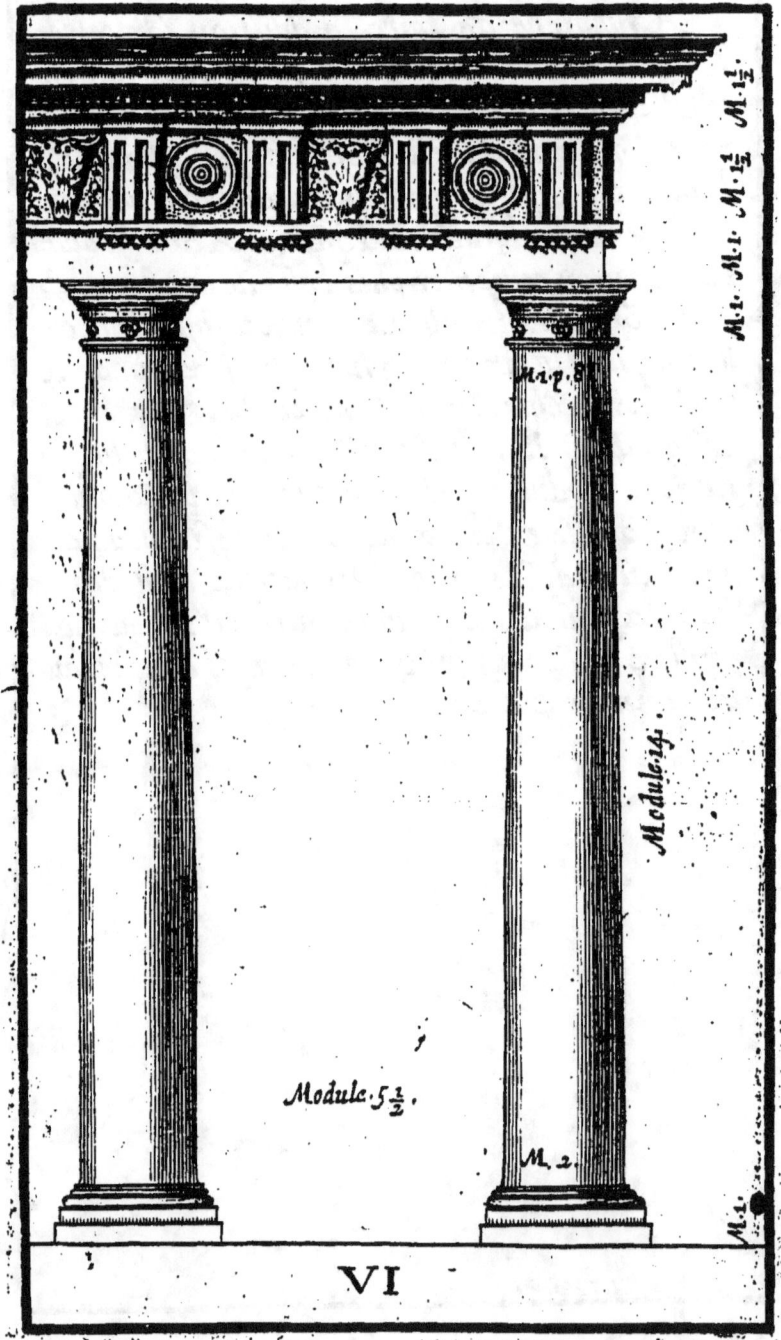

Module .5 ½ .

VI

Quand on voudra faire l'ornement de Galeries ou loges selon l'ordonnance Dorique, il faudra (comme il a esté dit) diuiser la hauteur en 20 parties, & en former le Module, puis apres on partagera en telle maniere les largeurs, que de l'un jusques a l'autre Pilastre, il y aye 7 modules, & que les pilastres en ayent trois. Car ainsi viendront repartiés les largeurs auec les hauteurs a leur proportion auec la lumiere des vuides de deux largeurs en hauteur, & viendra juste la distribution des Metopes & Trigliphes, comme l'on voit. Reste seulement a considerer, que la colomne doit sortir hors du Pilastre le tiers d'un module plus que sa moitié. Ce qui se fait, afin que les Projectures Saillies ou larmieres des Impostes ne passent la moitié des colomnes. Et sera ceci une reigle vniuerselle en tous cas semblables de toutes les ordonnances.

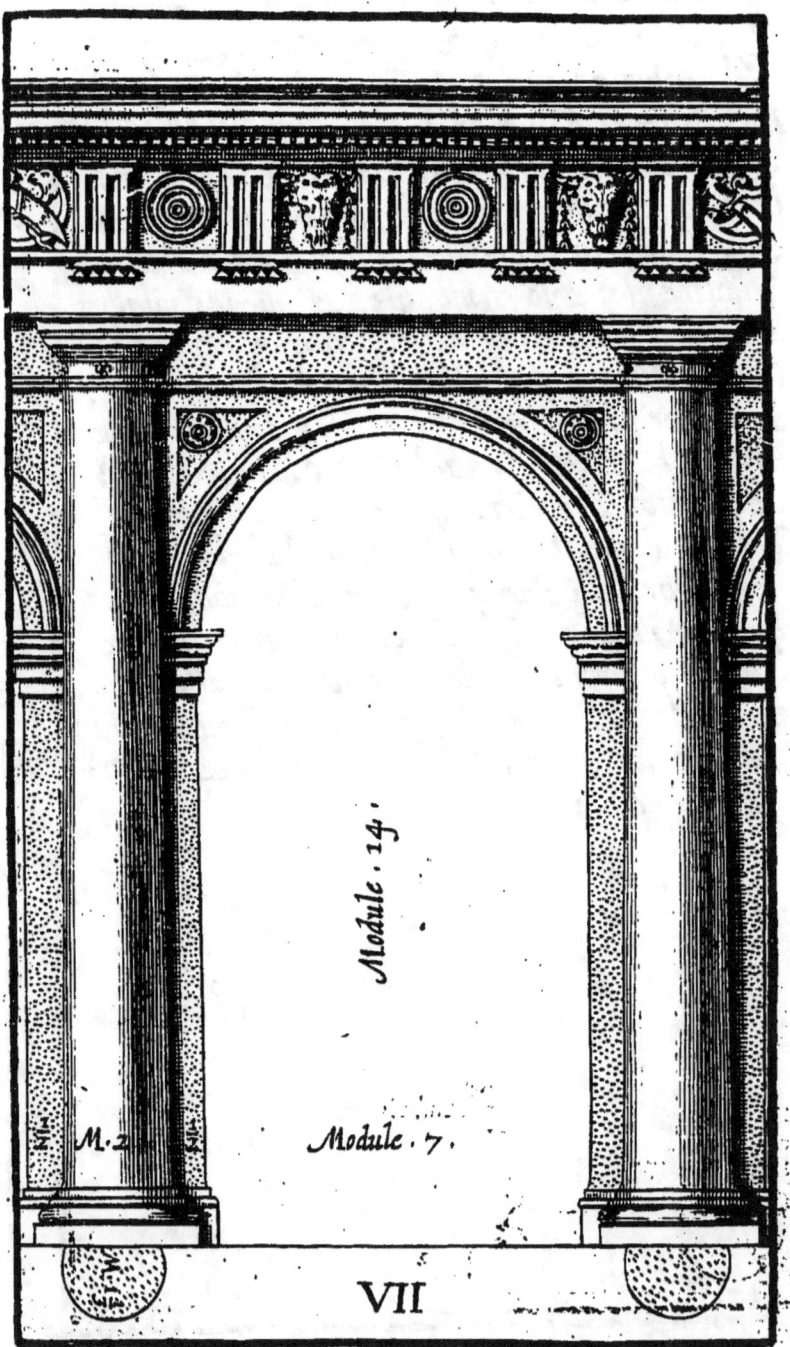

Module . 14 .

M. 2 . Module . 7 .

VII

AYant a *faire* des *Galeries* ou *Loges* selon l'ordonnance *Dorique* auec leurs Piedestaulx, la Colomne deura estre diuisee en
25 parties & ⅓ & de l'une d'icelles sera
fait le module. la largeur de l'un jusques a
l'autre *Pilastre* sera terminee par 10 Modules, & la largeur des pilastre par 5. Car
c'est ainsi que viendront a estre justes les
distributions des *Metopes* & *Trigliphes*,
& le vuide des arcs proportionné reque-
rant que la hauteur soit redoublee auec la
largeur, laquelle est de 20 modules, comme
l'on peut voir

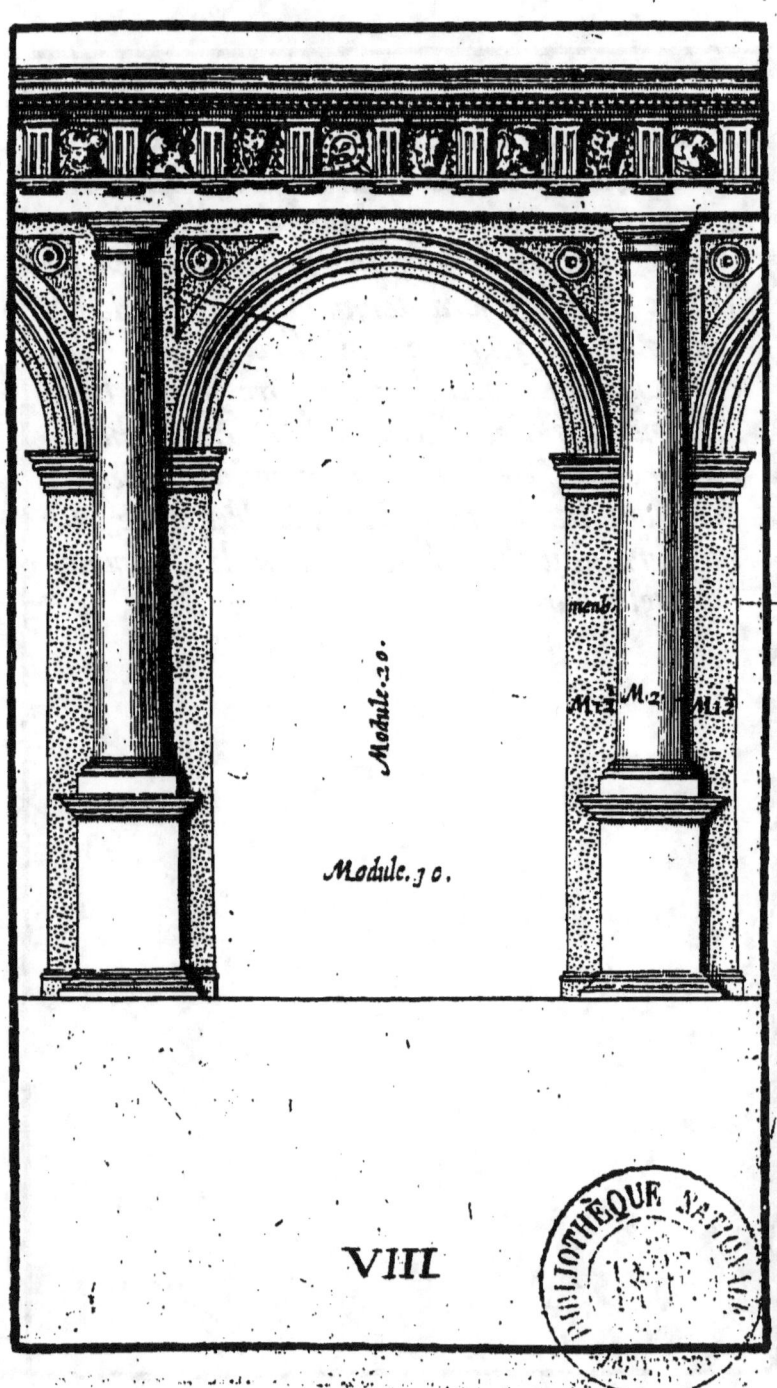

LE Piedeftal de l'ordonnance Dorique
doibt auoir 5⅓ modules en hauteur, l'Im-
pofte de l'Arc ci deffus deffeigné 1 module,
& fes membres particuliers feront repartis felon que portent les nombres jci notez.
A les canaux ou rayons de la Colomne. B
la ceincture plus baffe de la Colomnelaquelle
doit eftre entenduc ainfi partout les Ordonnances. C Rondeau, ou petit Bafton.

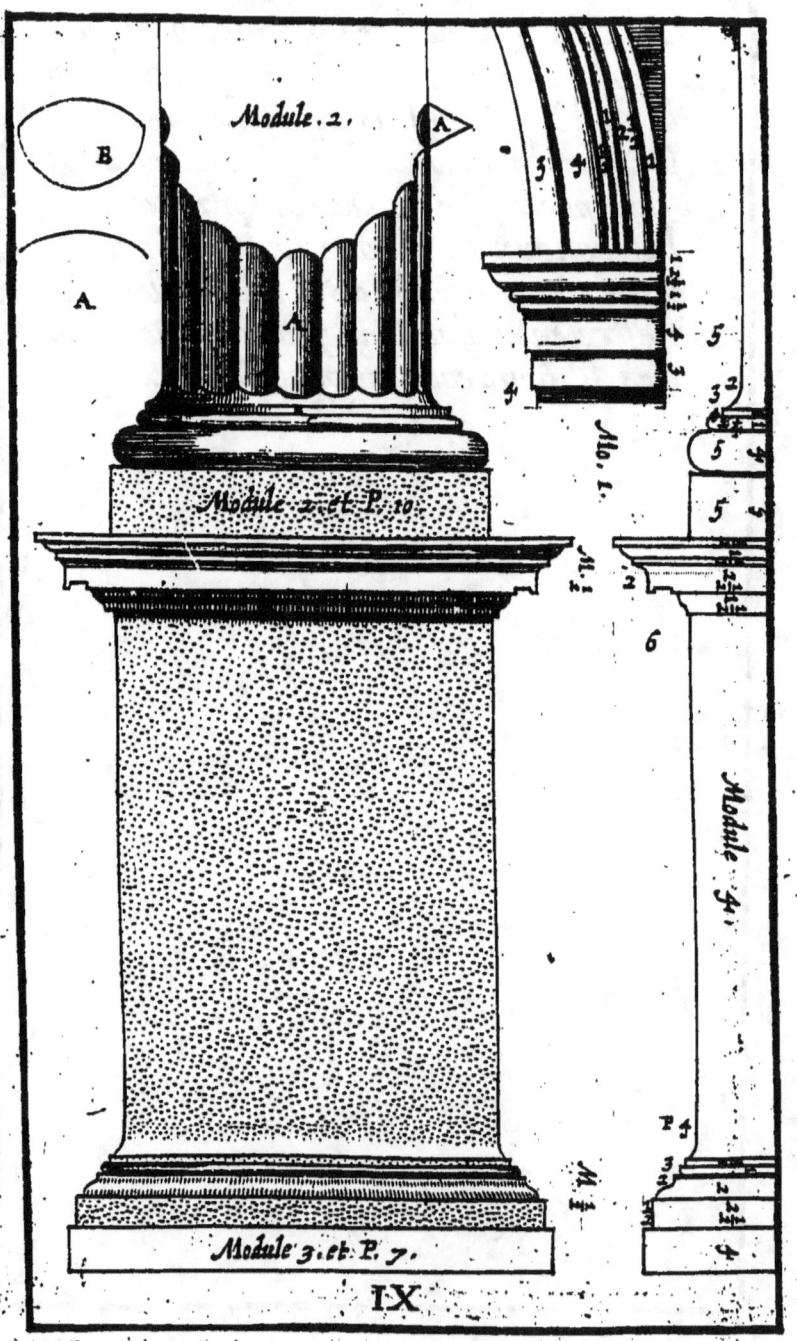

Module . 2 .

B

A

A

Module 2 et P. 10.

Module 3. et P. 7.

IX

CEste partie d'ordonnance Dorique est ti=
rée du Theatre de Marcellus a Rome,
comme je l'ay alleguée en l'Auant-propos
par maniere d'exemple, & estant desseign
ée elle retient ceste mesme proportion.
A Tuyau, B Dentelets, C Chapiteau du Tri=
glife. D Triglife, au quel les parties fondées
jnterieurement sont appellée canaux ou ray=
ons, & l'espace quarré de la frise qui reste
entre l'un & l'autre tribliphe, est appellé Me=
tope. E Goutes, ou clochettes, F Cymatium,
G Annelets ceinctures ou listeaux.

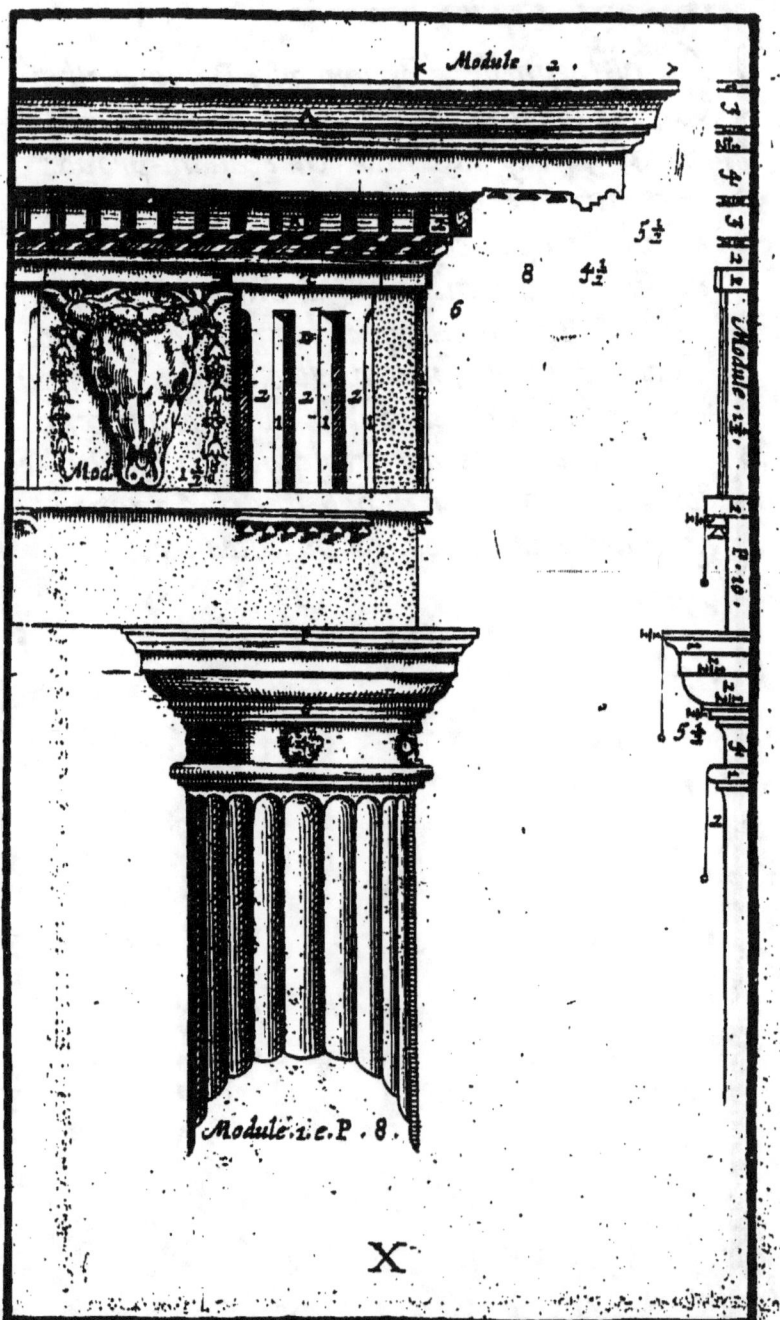

Module 2.

5½
8   4½
6

Module 1½

Module 1. e. P. 8.

X

CEſte autre piece d'Ordonnance Dorique
eſt tiree de diuerſes reliques dentre les
Antiquites Romaines & en eſt fait vn tel
compoſé qu'en ouurant je l'ay trouue venir
bien a propos.

A Gueule droite B Modillon ou Modelle,
nom du quel ils ſont appelles tous encor qu'
ils ayent la forme differente moyennant qu'ils
facent l'office de ſouſtenir la corniche qu'ils
ont chargee, C Peſons.

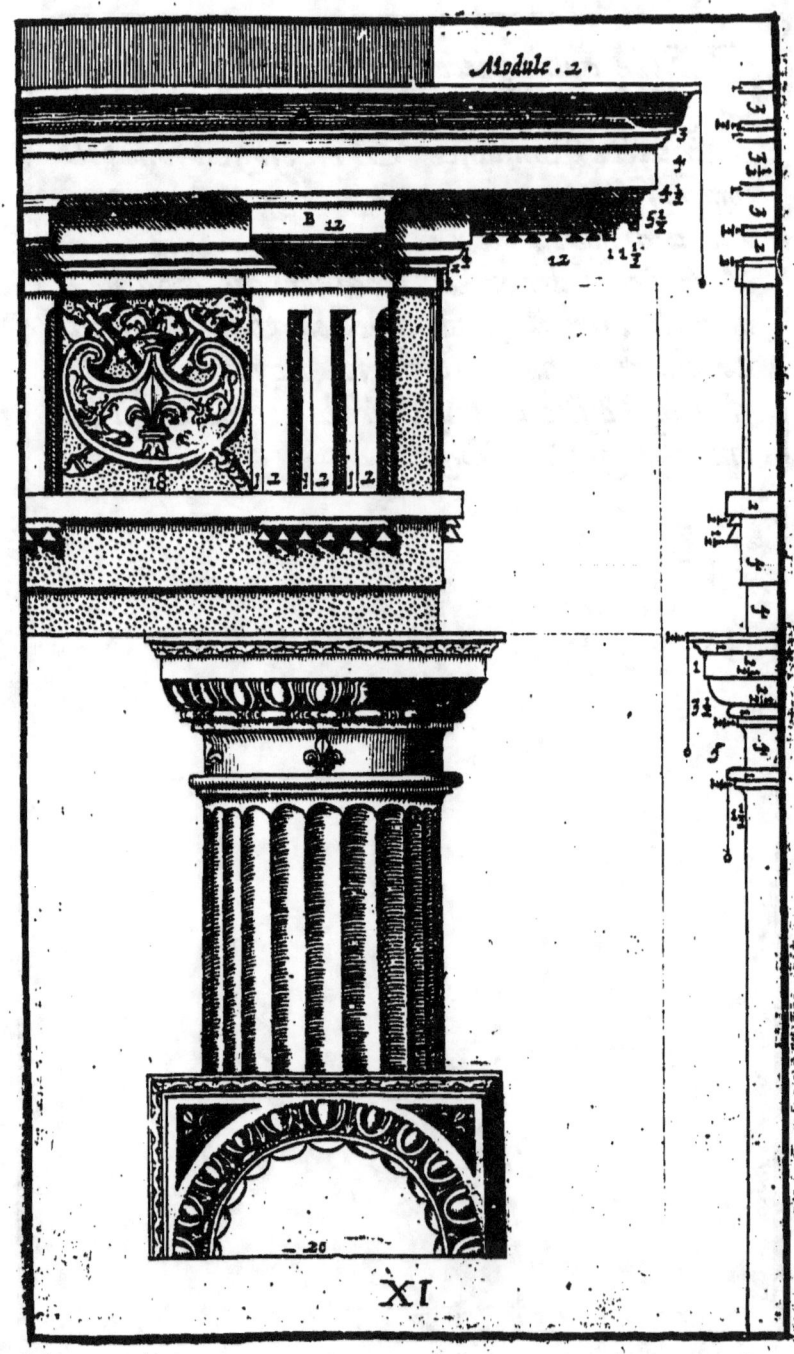

XI

Voulant faire l'ordonnance Ionique sans Piedestal, toute la hauteur doit estre diuisee en 22 ½ parties. & de l'une d'icelles est fait le module, lequel est reparti en 18. Ce qui se fait, d'autant que ceste ordonnance, pour estre plus gentile que la Toscane & Dorique, a aussi les diuisions plus menues. Sa colomne doit auoir 18 modules, y comprise la base & le chapiteau, l'Architraue 1 module & ¼ la Frise 1 ½ module, la Corniche 1 ¾ module Nombres qui adjoustez ensemble rendent l'Architraue, Frise & Corniche 4 ½ modules, qui est le quart de ha hauteur de la Colomne

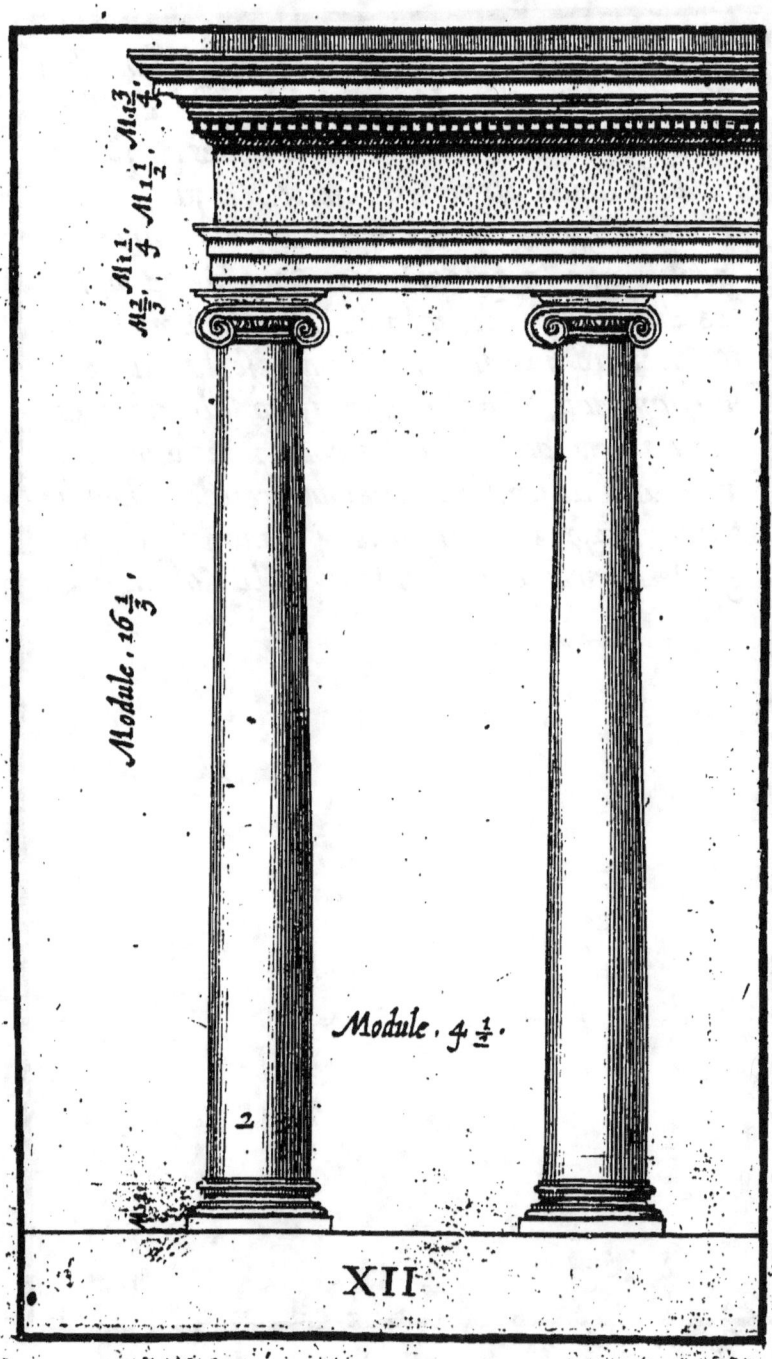

XII

Q Vand on voudra faire des Galeries ou
Loges selon l'ordonnance Ionique, les Pilastres se feront de la grosseur de 3 modules,
& la largeur du vuide sera de 8 ½ modules,
la hauteur de 17 qui sera le double de la largeur:
Reigle qu'on doibt observer fermement en tous
arcs de semblables ornemens, toutes & quantes
fois que la grande necessité ne nous contraint
de faire autrement.

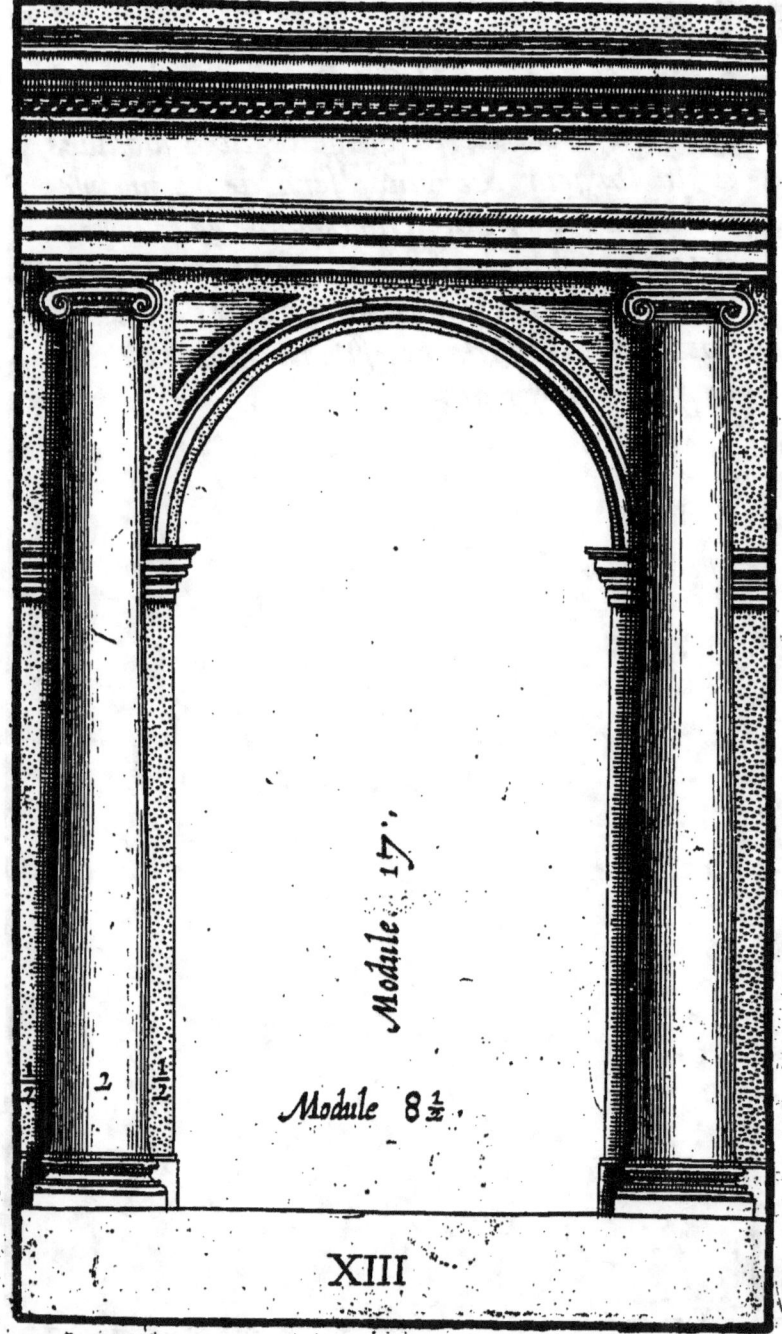

Module 17.

Module 8½.

XIII

MAis quand on voudra faire des Gale:
ries ou Loges selon l'ordonnance Ioni:
que auec les Piedestaux, toute la hauteur est
diuisee en 28 ½ parties, le Piedestal auec son
ornement ayant 6 modules, qui est le tiers de
la Colomne auec sa base & chapiteau, côme
nous auons dit que sela s'obserue en tou:
tes les ordonnances. La largeur du vuide
sera de 11 modules, la hauteur de 22. La
largeur des Pilastres de 4 modules, comme
l'on voit noté par nombres en ce desseing.

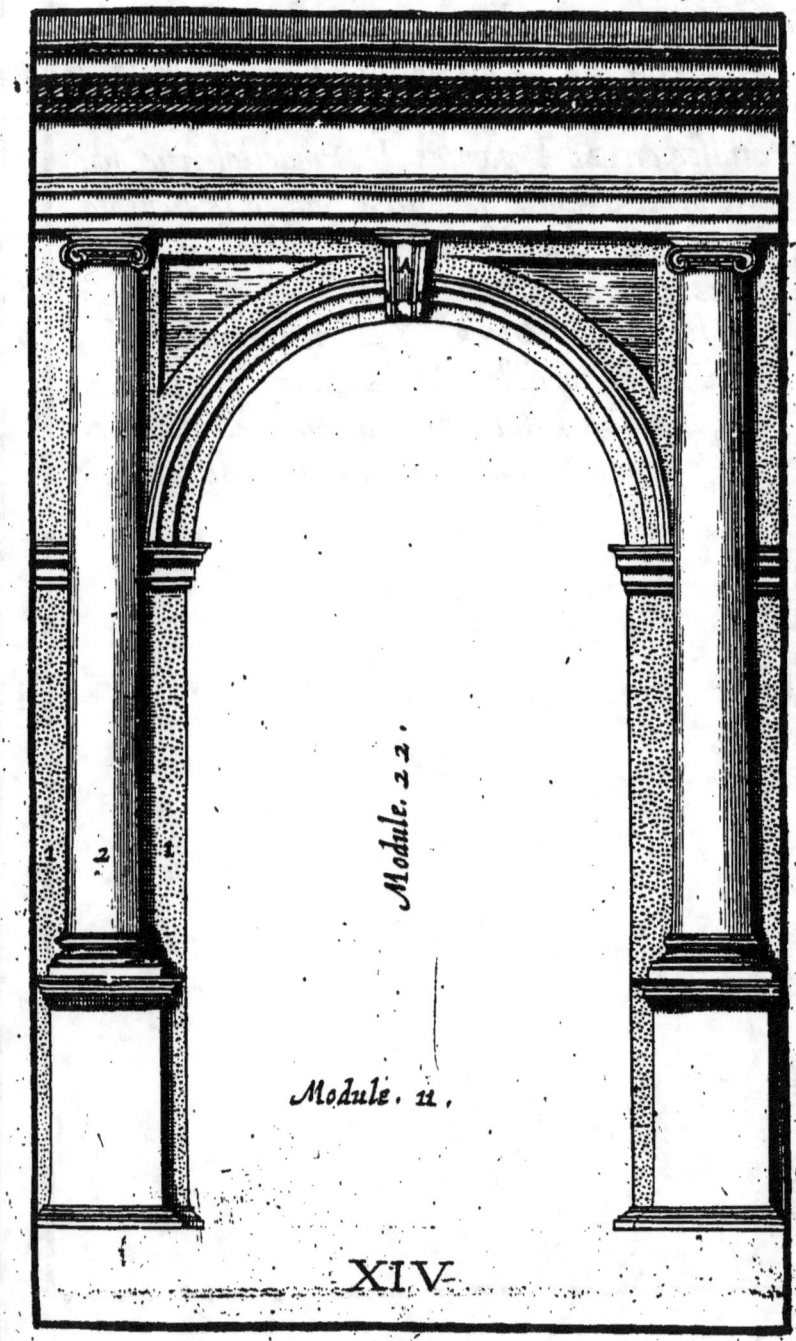

Module. 22.

Module. 11.

XIV.

LA Corniche de l'imposte d'enhaut est d'vn module sa projecture d'vn tiers les membres particuliers on les peut apprendre par les nombres comme aussi ceux du Piedestal & de la base.

A Scotie ou creux d'enhaut. B Astragales ou rondeaux. C Scotie, ou creux d'embas.

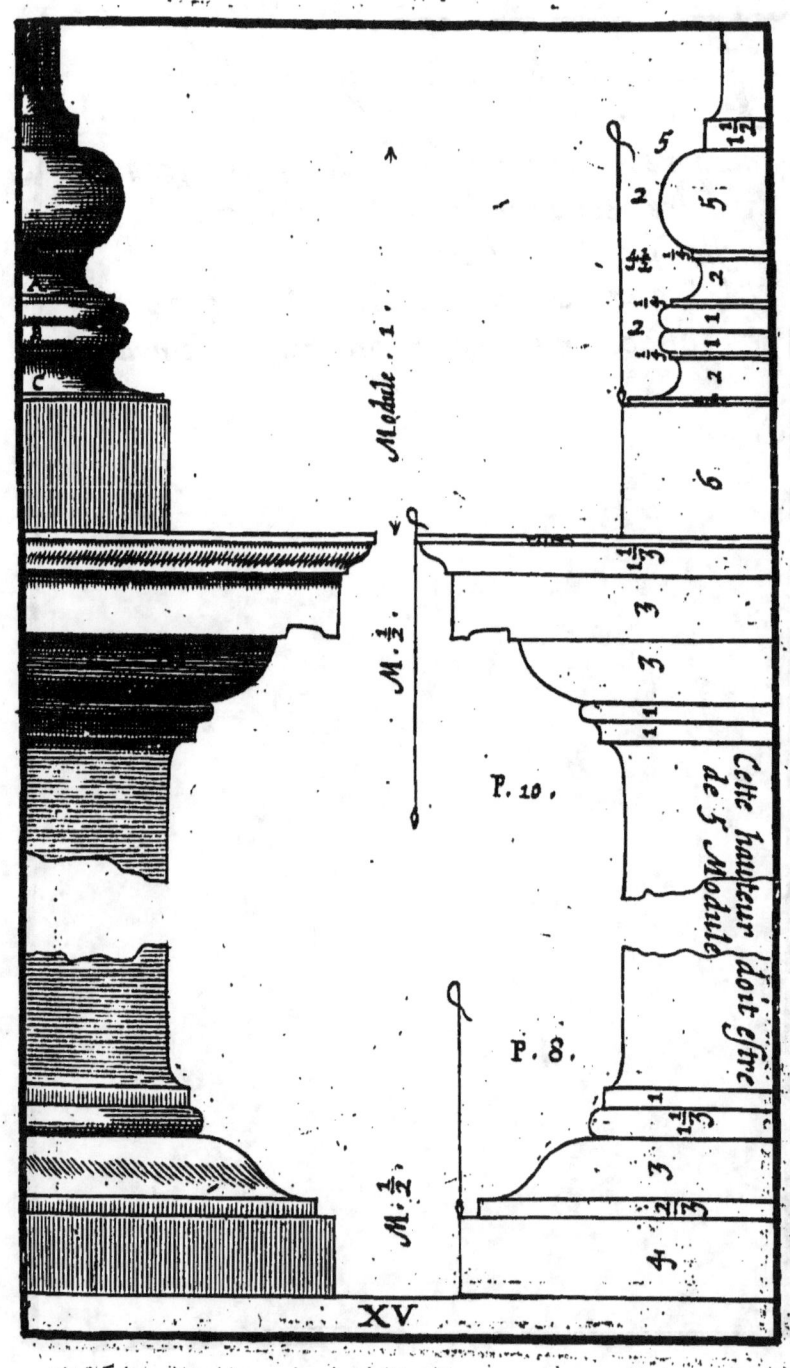

XV

LA maniere de faire le Chapiteau Ionique, combien qu'elle soit pourtraite en ceste figure auec le plant & profil. Si est-ce que pour plus claire intelligence il faut tirer deux lignes perpendiculaires, separees deux modules l'une de l'autre, qui passent par le centre des yeux de la volute, & sont appellees Cathetes toute la volute doibt auoir la hauteur de 16 parts de module, dont les huit demeurent au dessus de l'œil (lequel tient deux parts) & les autres six restent au dessous. La maniere de faire ces volutes est pourtraite au feuillet suiuant, ou aussi sera exposec brieuement (tant que l'espace le permettra) la maniere selon laquelle on procede.

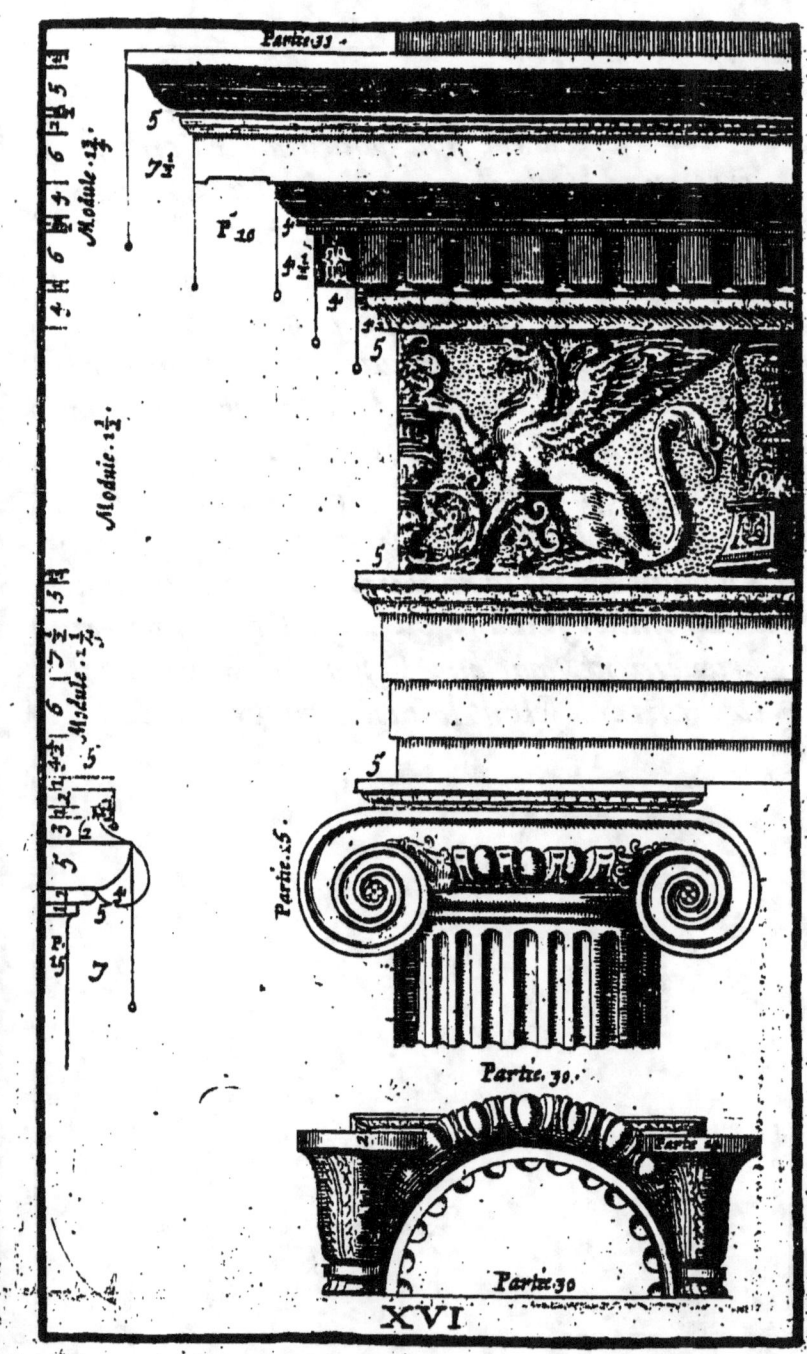

Partie.33.

Module.1½.

Module.1½.

P'.10.

Module.1⅓.

Partie.5.

Partie.30.

Partie.30.

XVI

AYant tiré la cathete O M de cette premiere
volute & vne autre ligne a lesquerre par le
centre de l'œil. l'œil sera diuisé ainsy qu'on le
void en la figure A puis on commance au premier point signé 1 auec le compas pour faire le
premier quart de cercle & du point 2 on tire le
second quart de cercle & poursuiuant ainsy
les trois tours viennent a estre acomplys or
pour faire la largeur de la bande R il ne fault
apres luy auoir donné au commencement la largeur du filet que tourner sur les mesmes cen-
tres ditz cy dessus & par ce moien la bande
ce restressira a mesure quelle aprochera du centre.

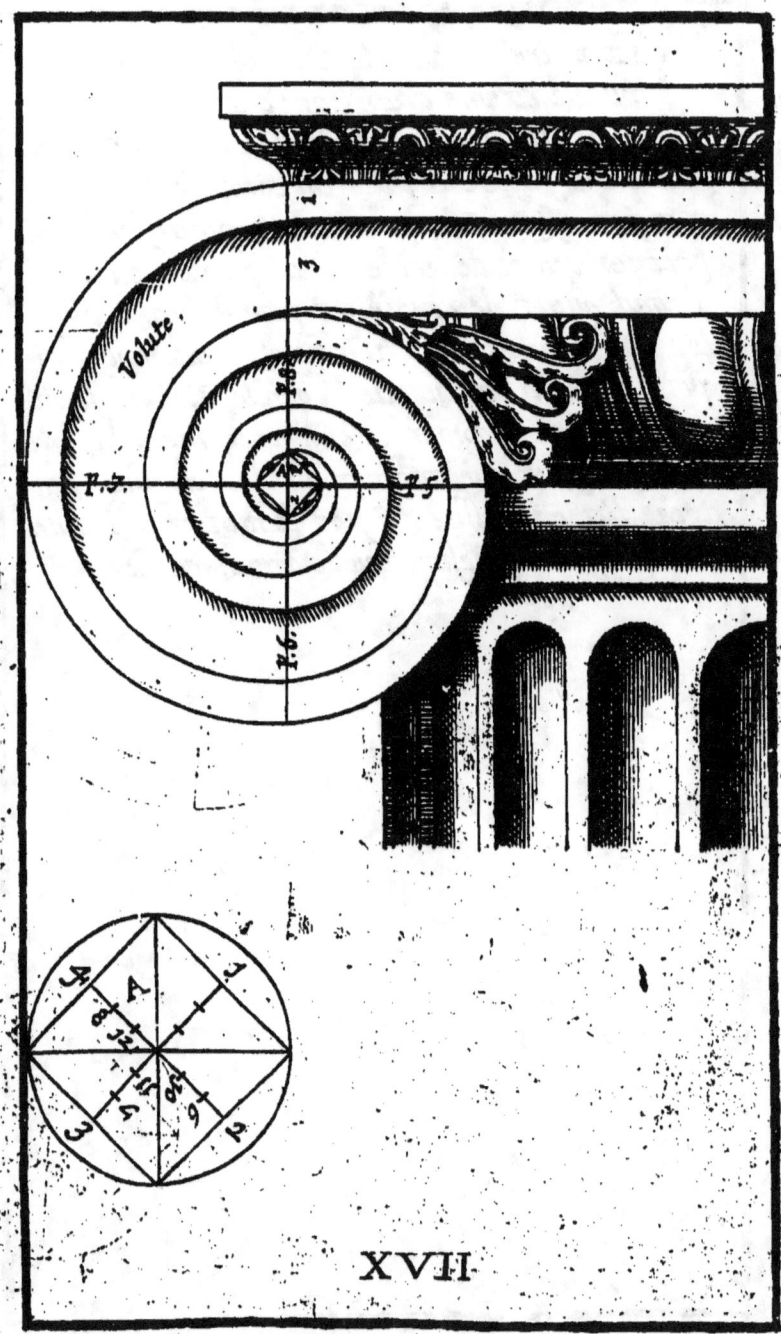

XVII·

QVe cy vous voules faire la volute par
Laues maniere cy deſſoubz repñtee ſoit ti:
rée la ligne 1. 5. apellée Cathete laquelle aura la
hauteur de 16 partz dun module dont les 9.
demeureront au deſſus du centre E. et les 7.
au deſſoubz puis ſur ce centre ſoit faict vne di
uiſion en 8 parties eſgales ainſy quelle vous
eſt repñtée par les 8. lignes qui partent du cē:
tre puis ſoit faict a part le triangle B. C. D. de
ſorte que la ligne B. C. ayt 9. partz dun module
et la ligne C. D. 7. et ſoit larc G. C. diuiſe en 7. par:
ties eſgales dōt lune demeure pour le demy dia:
metre de lœil et le reſte G. N. ſoit diuiſé en 24.
parties eſgales continuées juſques en la ligne
B. C. qui les rendra jneſgales ſoit pris en apr:
es la grandeur B. C. et raportée de E. A. 1. et mar
quée puis de C. A. 2. et raporter de E. a 2. et marquée,
puis C. 3. raportée a E. 3. et continuer ainſy ſur
les 8. diutſions juſques, a ce quon y ayt marqué
tous les 25. pointz de B. C. I. mais pour mener
maintenant vne circōference qui du point marqué
1. aille au point marqué 2. ſoit ouuert le cōpas de
1. a E. et eſtant poze ferme ſur 1 ſoit meu le com:
pas pour deſcrire la portion de circonference
cy ponctuée puis ſoit la meſme ouuerture du
compas raportée ſur 2. juſques a ce queſtant
meu il face vne ſection en p. qui ſera le centre
pour deſcrire la circonference de 1. a. 2. et ſoit ain:
ſy continuë pour faire 2. a 3. et pour les aues
parties de circonference

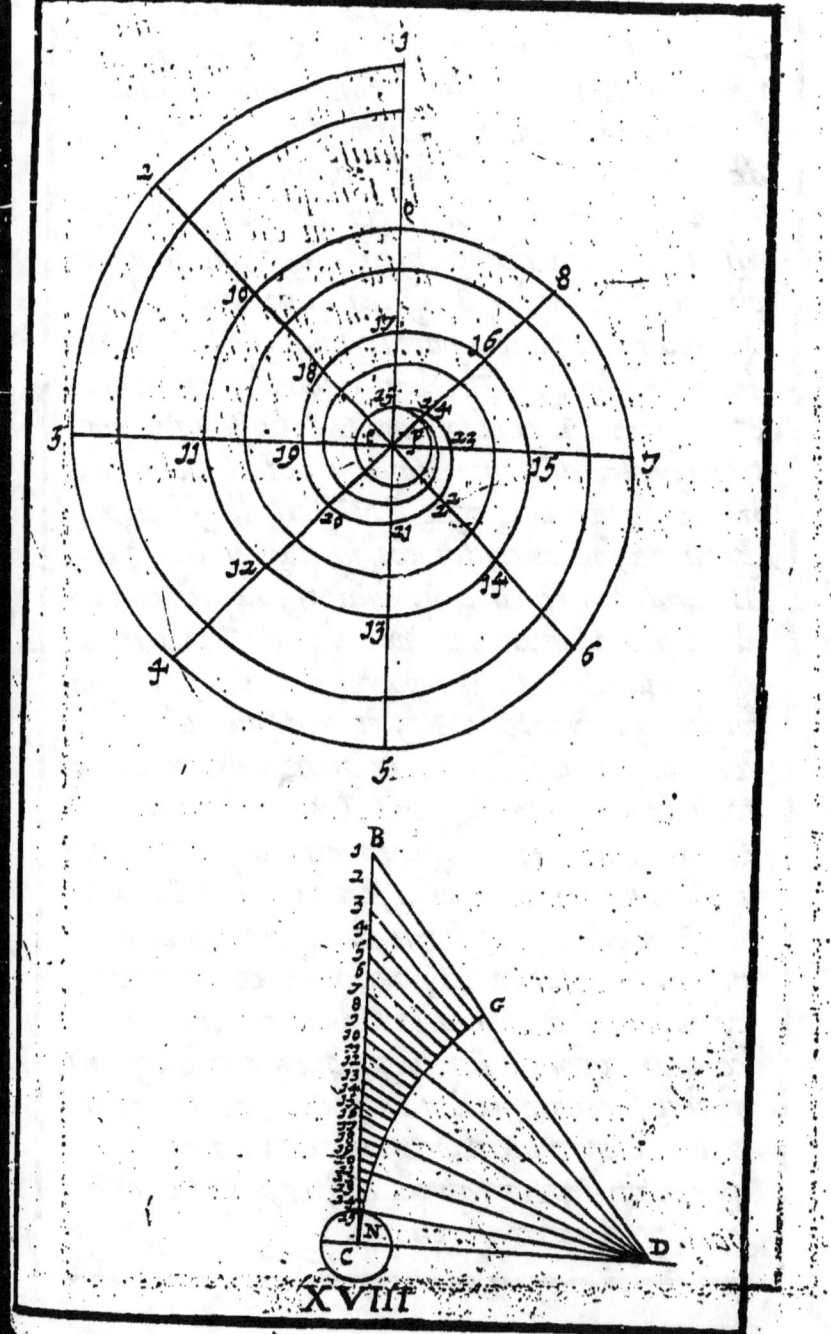

XVIII

POur faire ceſte ordonnance Corinthi=
enne ſans Piedeſtal, toute la hauteur eſt
diuiſee en 25 parties, & de l'vne d'icelles eſt
fait le module, lequel eſt diuiſé en 18 parties,
tout ainſi que celuy de la Ionique. les autres
diuiſions principales ſe voyent en la figure
& la largeur de l'vne a l'autre Colomne do=
it eſtre de 4 modules & ⅔ tant afin que les Ar=
chitraues d'enhaut ne ſoyent ſurchargees, que
pour accommoder les modelles d'enhaut en
la Corniche de telle ſorte qu'ils reſpondent
droitement au milieu des Colomnes en leur
compartiment egal—

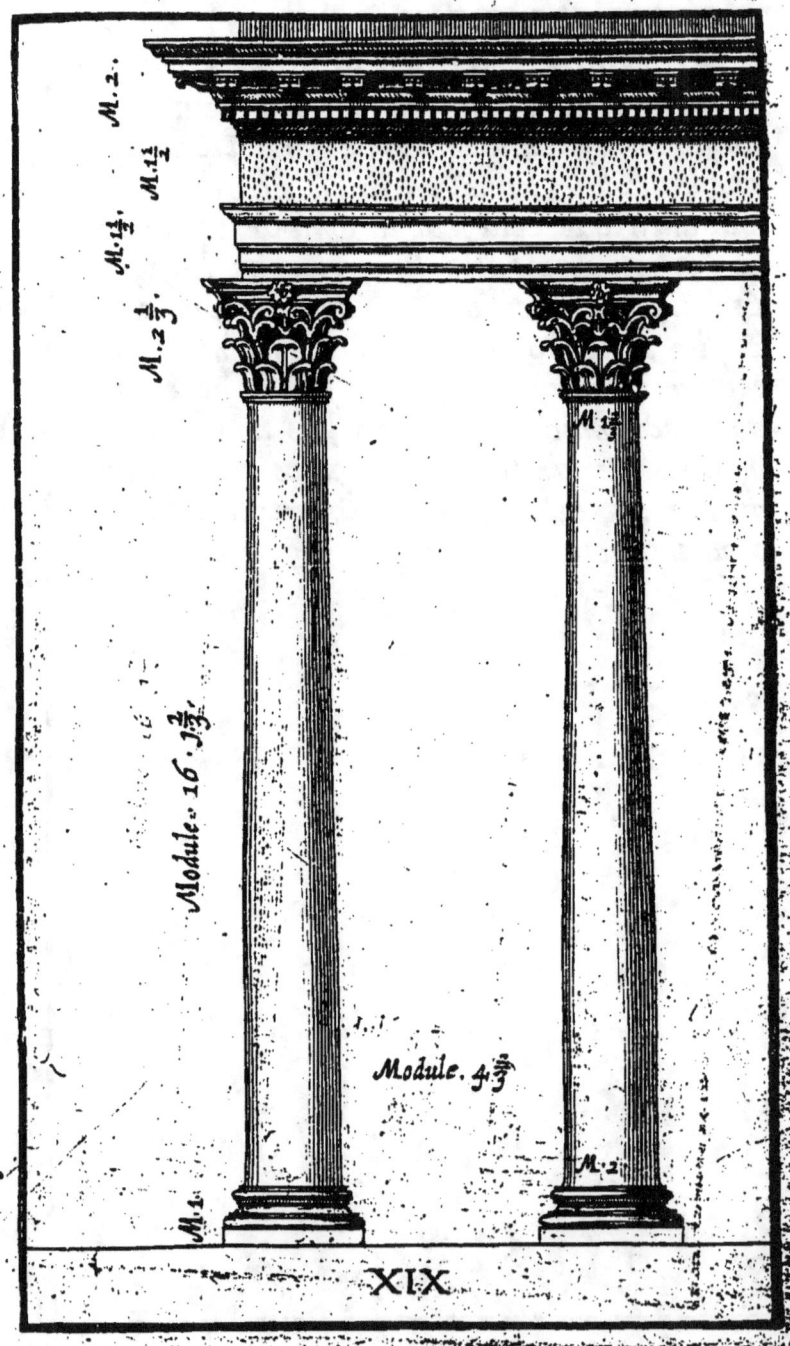

XIX

Voulant faire des Arcs de Galeries selon ceste ordonnance Corinthienne on y doit proceder comme il est ici noté par nombres tellement que les vuides tiennent 9. modules de largeur & 18 de hauteur, les Pilastres seront de 3 modules.

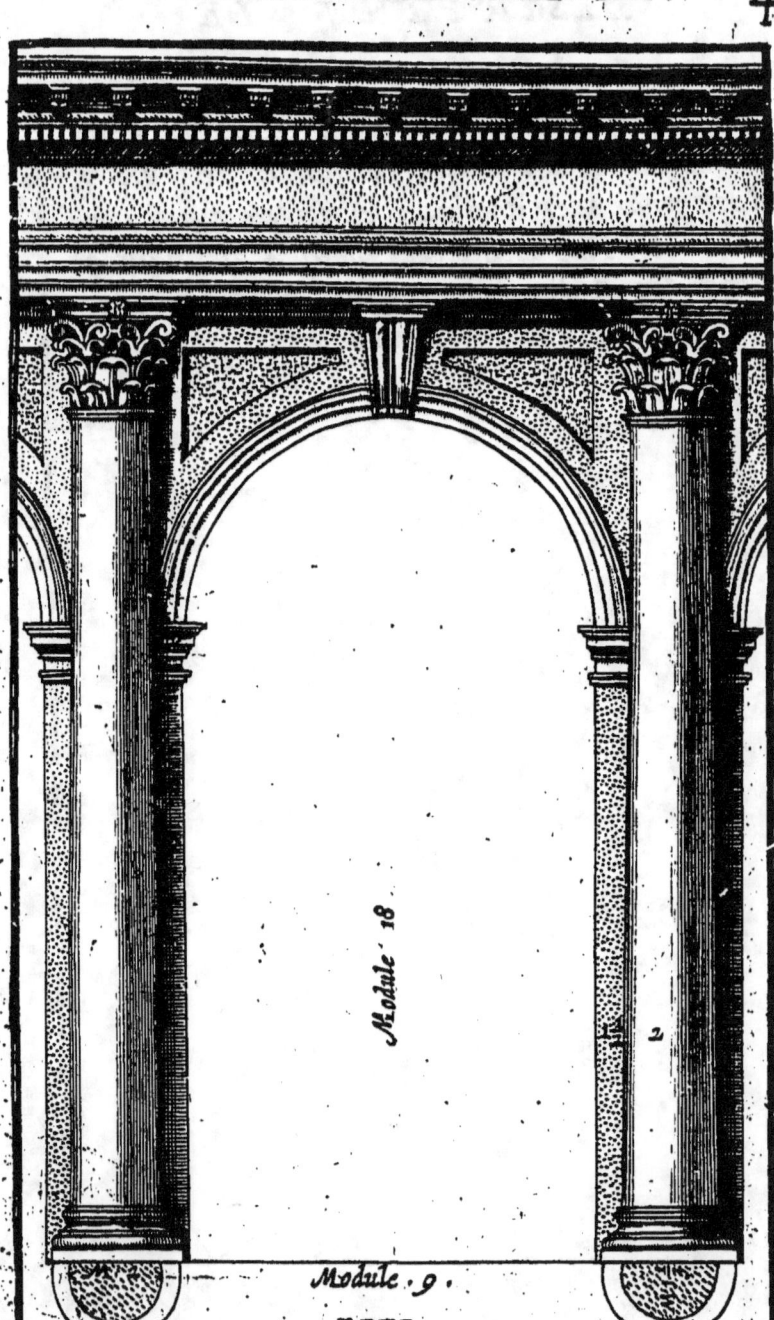

Module · 18 ·

2

Module · 9 ·

XX

MAis ayant a faire des Loges ou Galeries auec piedestaulx, toute la hauteur
sera partie en 32. de l'une desquelles on fera
le module, 12 dicelles sera la largeur du vuide, & 25 sa hauteur: Et quoy. que cela pas-
se les deux carrez, si est il conuenable en ceste
ordonnance, a cause de la gentilesse Les Pilastres se feront de quatre modules, comme
il est noté.

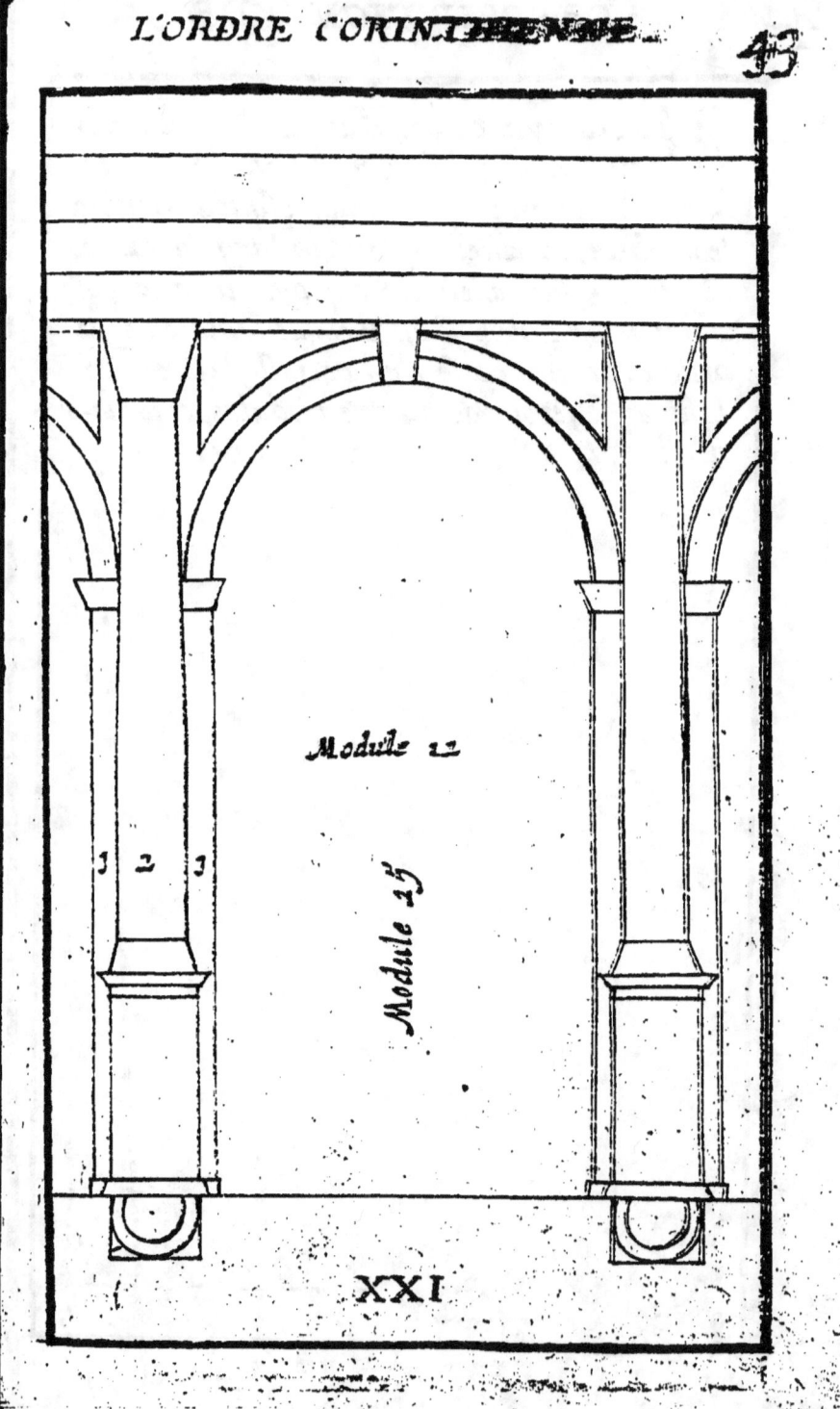

Module 11

Module 15

XXI

SI le Piedeſtal de ceſte ordonnance Corinthienne eſt le tiers de la colomne, il
tiendra ſix modules et ⅔, mais on le pourra bi-
en faire de ſept modules pour plus grande ſoli-
dité, ſorte conforme et conuenable a ceſte ordonnance: et auſſi, afin que le Piedeſtal, ſans
la cimace et baſement, reuienne a deux quar-
rez, comme l'on pourra voir par les nombres.
le reſte, c'eſt aſauoir la cimace et le baſement,
puis qu'ils ſont notez par le menu, comme auſſi l'impoſt de l'arc, il n'eſt ja beſoin d'en eſcri-
re d'auantage.

A le tore ou baſton d'enhaut. B le tore ou
baſton d'enbas.

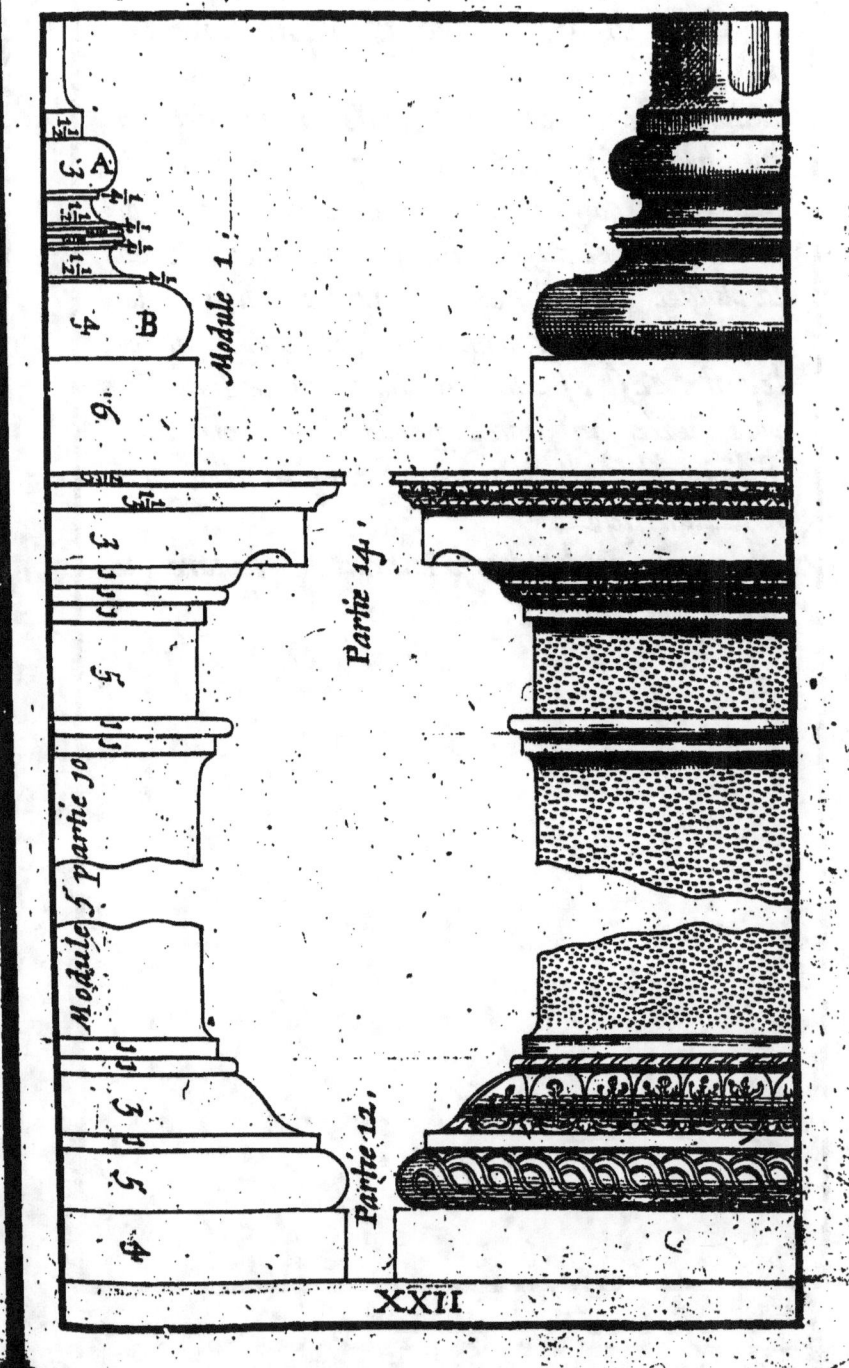

XXII

AV plant & profil de ce chapiteau Corinthi:
en on pourra cognoistre toutes ses mesu:
res. Par le plant on mesure les largeurs, y
faisant vn quarré, duquel la ligne Diagonale
sera de 4 Modul. & de l'vne des costez de ce quar:
ré on fera vn triangle, selon qu'on voit en la fi:
gure, & la pointe du compas on la ferme au
coing signé +, & tire l'on le creux de l'A:
baque, au profil est prinse la hauteur de ses feu:
illes, tigettes & Abaque, et l'estendue des feuil:
les et tiges est prinse par la ligne qui naist de
la pointe de l'Abaque jusques au rond de la co:
lomne, comme l'on voit par le desseing du pro:
fil. le reste, auec peu de consideration qu'on
y apporte, sera aisément entendu.
A & B sont appellez ensemble l'Abaque du cha:
piteau, mais pour plus claire jntelligence A est
pris pour le cimace de l'Abaque, C Tiget, D feu:
illes moindres, E Feuilles du millieu, F feuilles
de dessous, G Fleur.

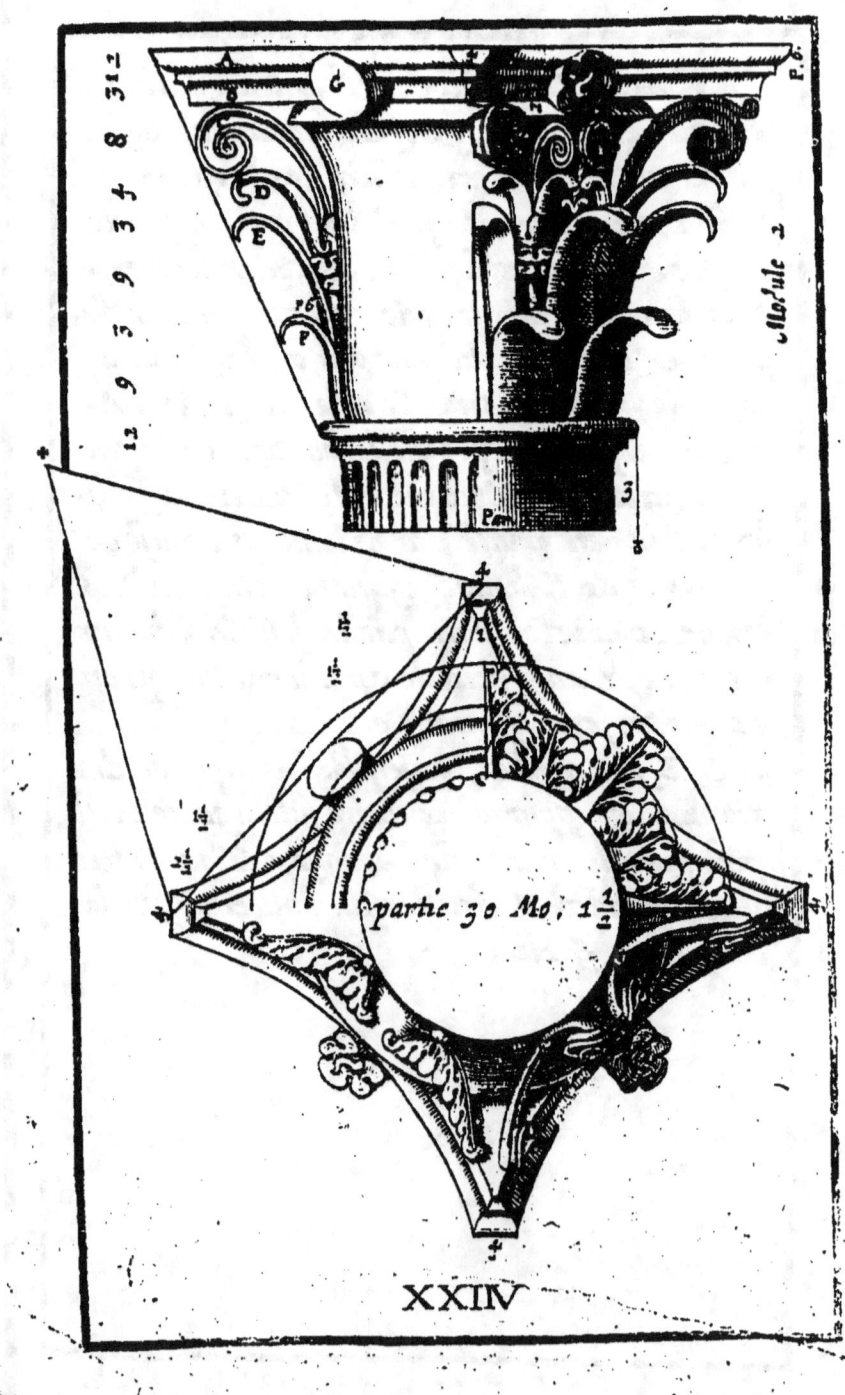

XXIV

*C*Este Corniche Corinthienne est tirée de divers endroits a Rome & principalement du Pantheon ou temple de la Rotonde, & de trois colomnes qui sont au marché Romain, et confrontez les membres principaulx d'icelle. jay mis en auant sa reigle (ne m'esloignant rien qui soit des anciennes) & icelle reduit a telle proportion, qu'il en vient vn Modiglion au millieu de la colomne & que ses œuf, dentades, arequets & spondiles respondent droitement l'un a l'autre, auec vn ordre si soigneux que l'on poura voir, pour donner a cognoistre ses mesures supleront les nombres faicts par modules & parts de modules, le module parti en 18, comme dit a esté

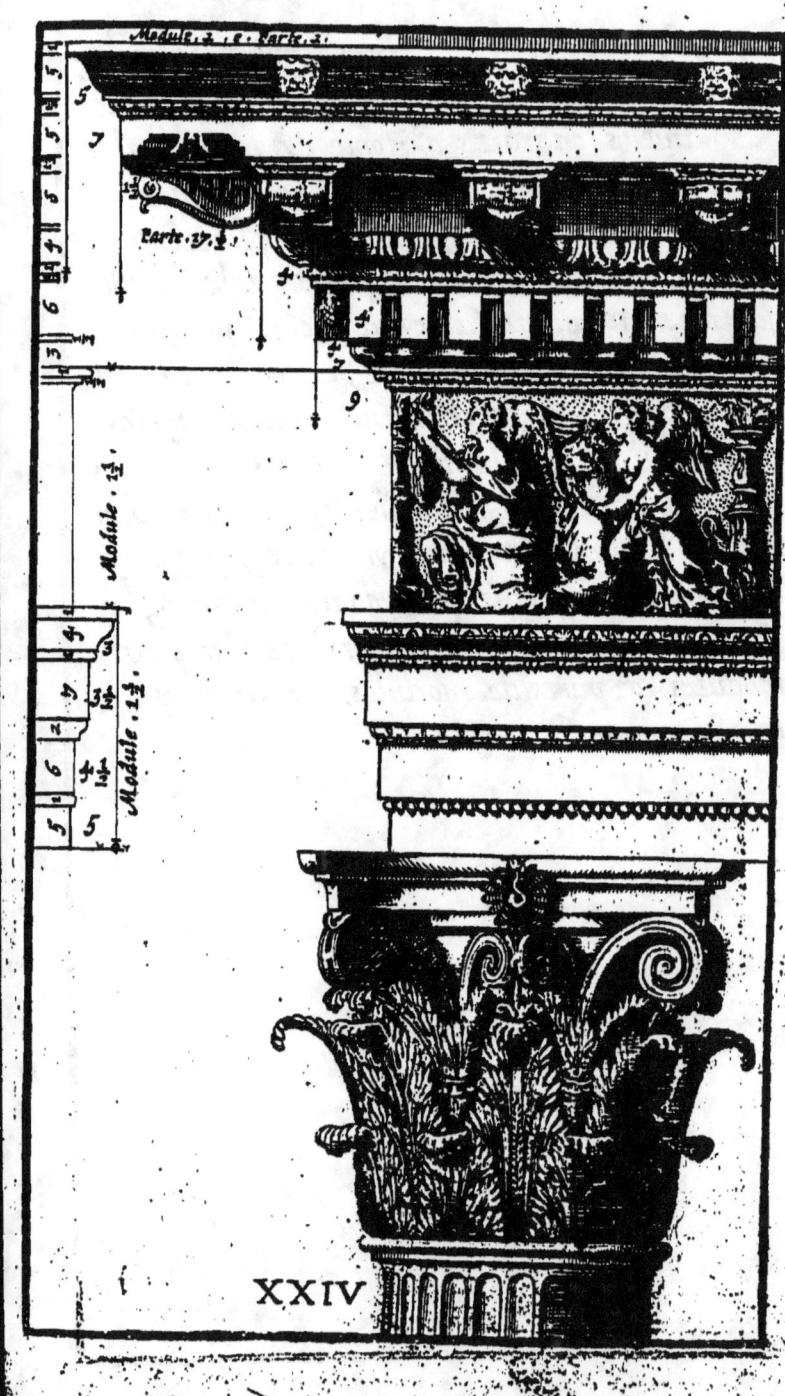

XXIV

CE Piedestal composé garde les proportiōs du Corinthien, & n'y a autre difference de membres qu'en la cimace & basement, comme l'on peut cognoitre. et d'autant que l'ornement composé a mesme proportions auec le Corinthien, j'ay jugé n'estre necessaire d'en faire des colomnes & arcs a part, me raportant aux Corinthiens. seulement ay je monstré la diuersité de la base & du chapiteau, & autres leurs ornements, comme l'on pourra voir en ses lieux.

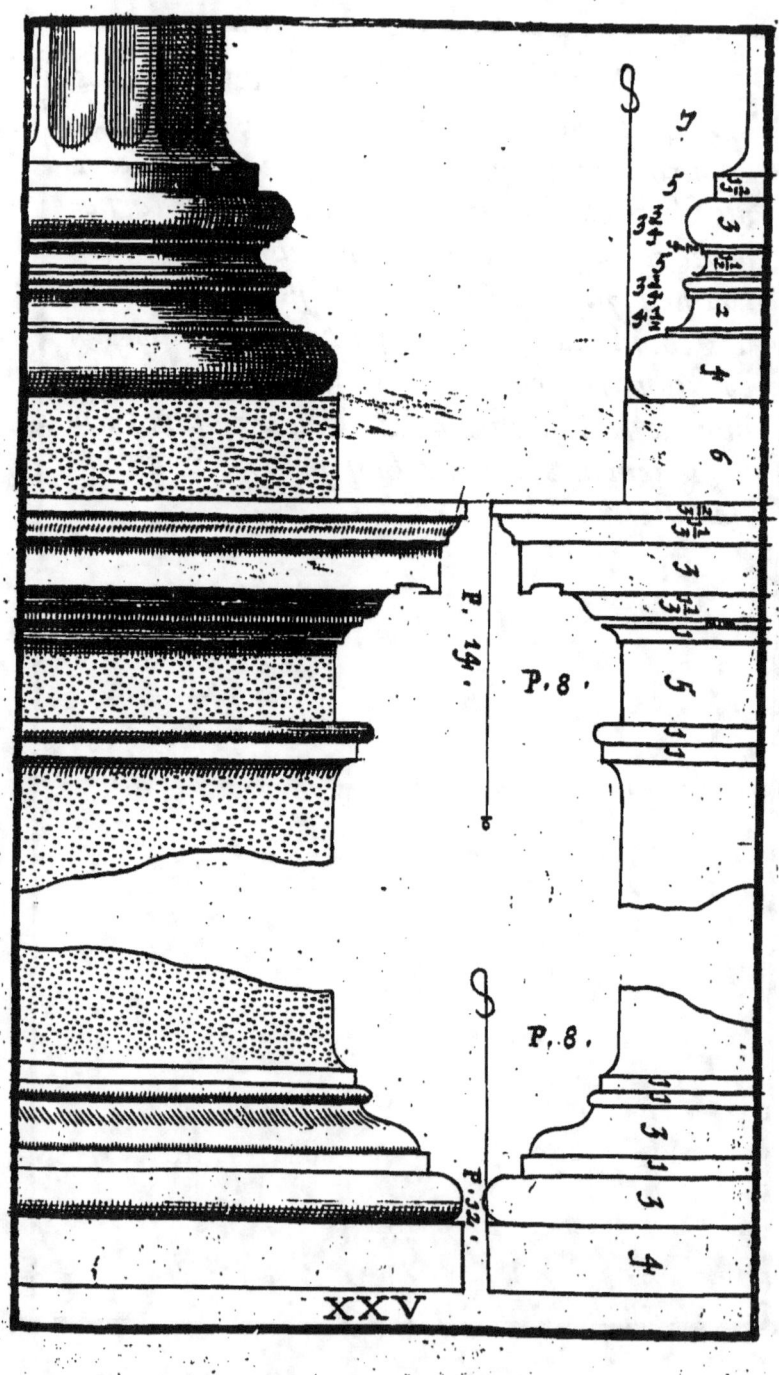

XXV

CE plant & profil du Chapiteau cōposé
a mesme procedure auec celuy de l'ordonnance Corinthienne descrite ci dessus. il n'y a que
ceci de difference: c'est asauoir. la ou le Corinthien
a ses ligettes, ce Composé a les volutes faites de
mesme maniere auec celles de la Ionique. les anciens Romains empruntans vne partie de la
Ionique. et vne autre du Corinthien, ont fait vn
tel Composé. pour vnir ensemble en vne seule
partie tout ce qu'ils pouvoyent recouurer de
beauté.

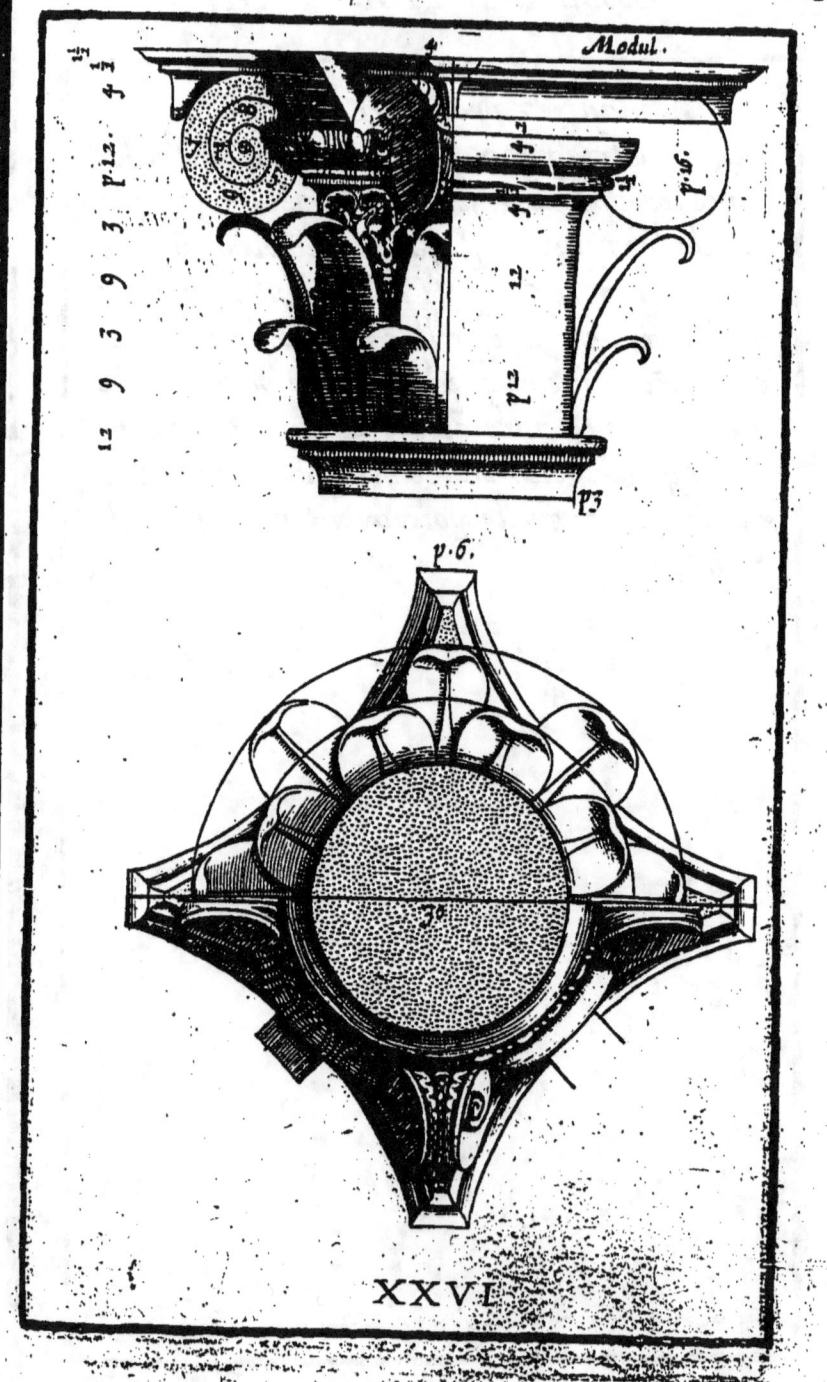

XXVI.

CEste pièce d'ordonnance compósée, aſauoir le Chapiteau, Architraue, Friſe et Corniche eſt auſſi tirée de diuers lieux d'entre les Antiquités de Rome, et reduite a proportion comme il a eſté dit de la Corinthienne. Ce qu'eſtant noté par nombres ſe monſtre aſſez de ſoy meſme.

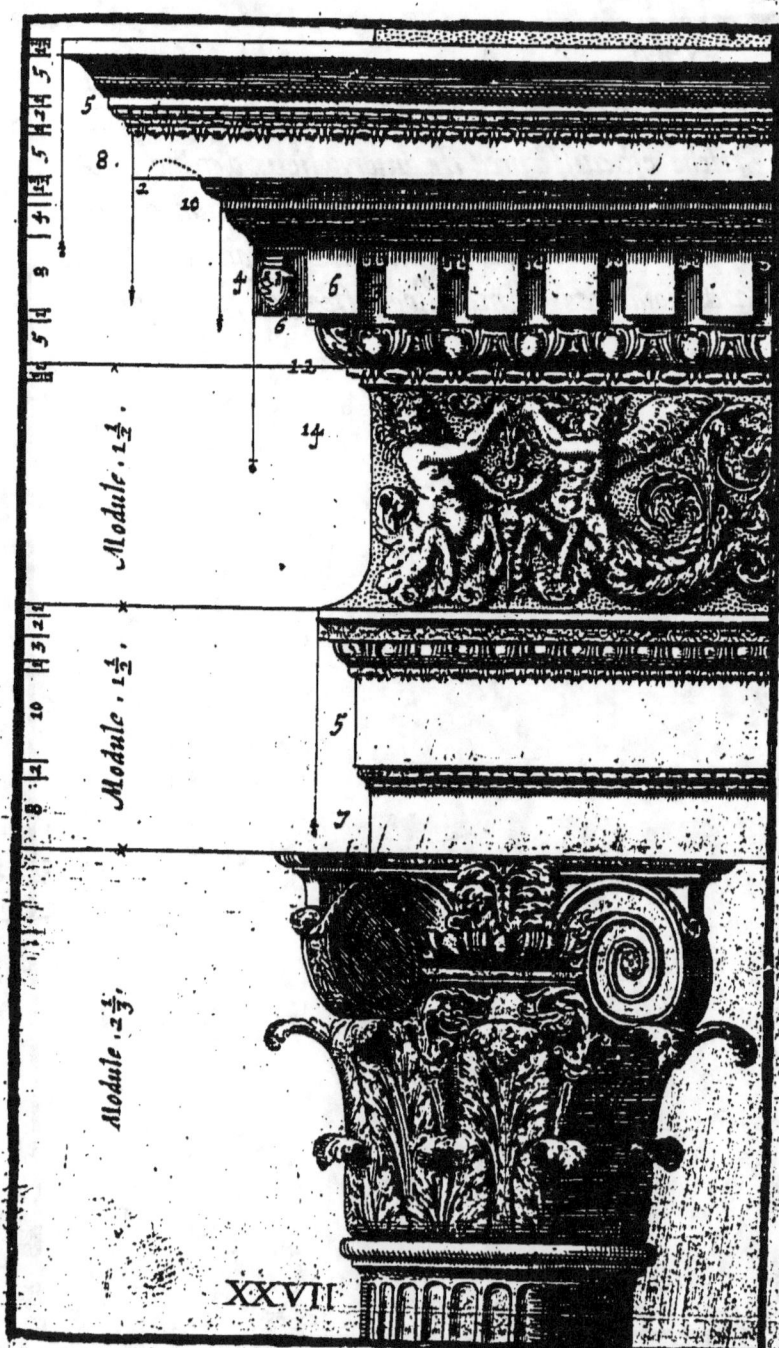

XXVII

Entre les Antiquitez de Rome se trouuent presque
infinies varietez de Chapiteaux qui n'ont point de propres noms mais peuuet estre côpris tous ensemble sous
ce vocable general de Composé, et suiuêt aussi les mesures
principales des autres côposez deriuez de l'Ionique et Co-
rinthie tant seulemet il est bien vray qu'en aucuns d'j-
ceux lô verra des animaulx en lieu de tigettes, en autres
des Cornes d'abôdance, et en autres plusieurs autre choses,
selô qu'il est venu apropos aux Maistres en leurs desse-
ings, ce que se peut juger par le preset ici desseigné, lequel ayant quatre Aigles en lieu de tigettes et en lieu de fruta-
ge quatre faces de Iupiter auec la foudre au desous dône
a côgnoistre aisemet qu'il est de quelque Temple côsacré a
iceluy Iupiter, tout ainsi l'on peut dire de cest autre qui
a quatre Gryfons en lieu de tigettes et quatre Aigles au
milieu d'iceux auec vn chien en leurs ongles qu'il ait esté
aproprie a quelque autre de leurs Idoles sa proportiô hor-
sinis les animaux, est semblable aux corinthiens.

Cette basé Vitruue lib 3. chap. 3. la nôme Atticurga,
côme estant trouué originairemet et mise en œuure par
les Anciens. De nostre têps, on vse de la mettre en œuure
indifferémêt sous le Corinthien, Coposé Ionique et
Dorique touteffois elle a plus d'alliance auec le Côpo-
se qu'auec nul autre, et est aussi tolerable en l'Ionique
quâd on ne se sert de la propre base d'icelle. mais sous les autres ordonances je la jugerois du tout im-
pertinente et en produirois beaucoup de raisôs mais je ne veux m'amuser a parler auec vne si grande
licéce de chose passee. il suffira en mesme ordre que ci
dessus d'en monstrer la partitiô, qui naist du module, lequel
est diuisé en 18 parties, tout ainsi que ceux de l'Ionique et corinthié.

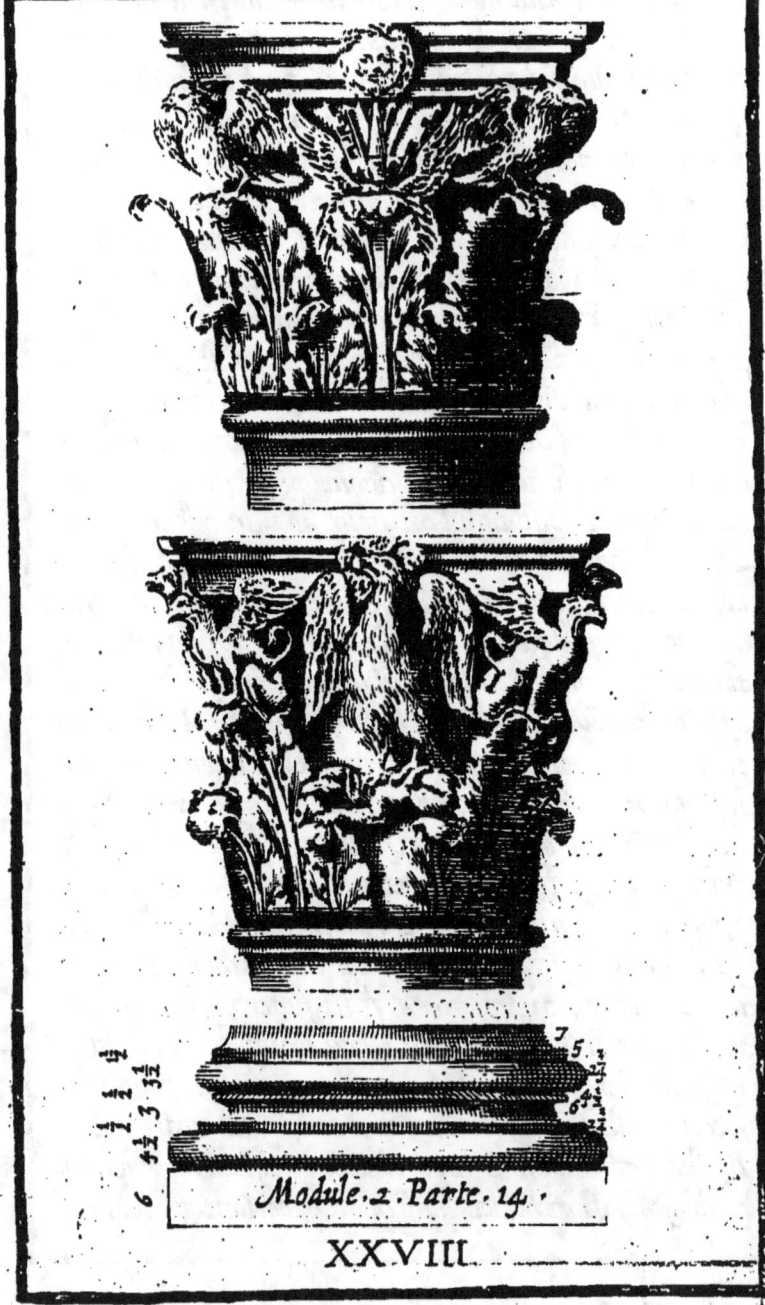

Module. 2. Parte. 14.

XXVIII.

LA diminution des Colomnes ce faict en
plusieurs façons dont voicy les deux
meilleures pour la premiere soit la Colomne A.B.
a diuiser du tiers en hault soit au point E. faict
le demy cercle E.D.C. et du point de la diminuõ
A. soit abessee perpendiculairement la ligne A.G.
soit puis apres larc G.E. diuise en tant de parti=
es esgales qu'on voudra comme en six et soit
E.A. diuise aussy en autant daües parties es=
gales et ou les lignes perpendiculaires et ori=
sontales se coupperont soit menee la ligne L.H
I.K.L.M.A. qui donnera la diminuõn comme on
la desire et de cette façon on s'en peult seruir
au Toscan et au dorique

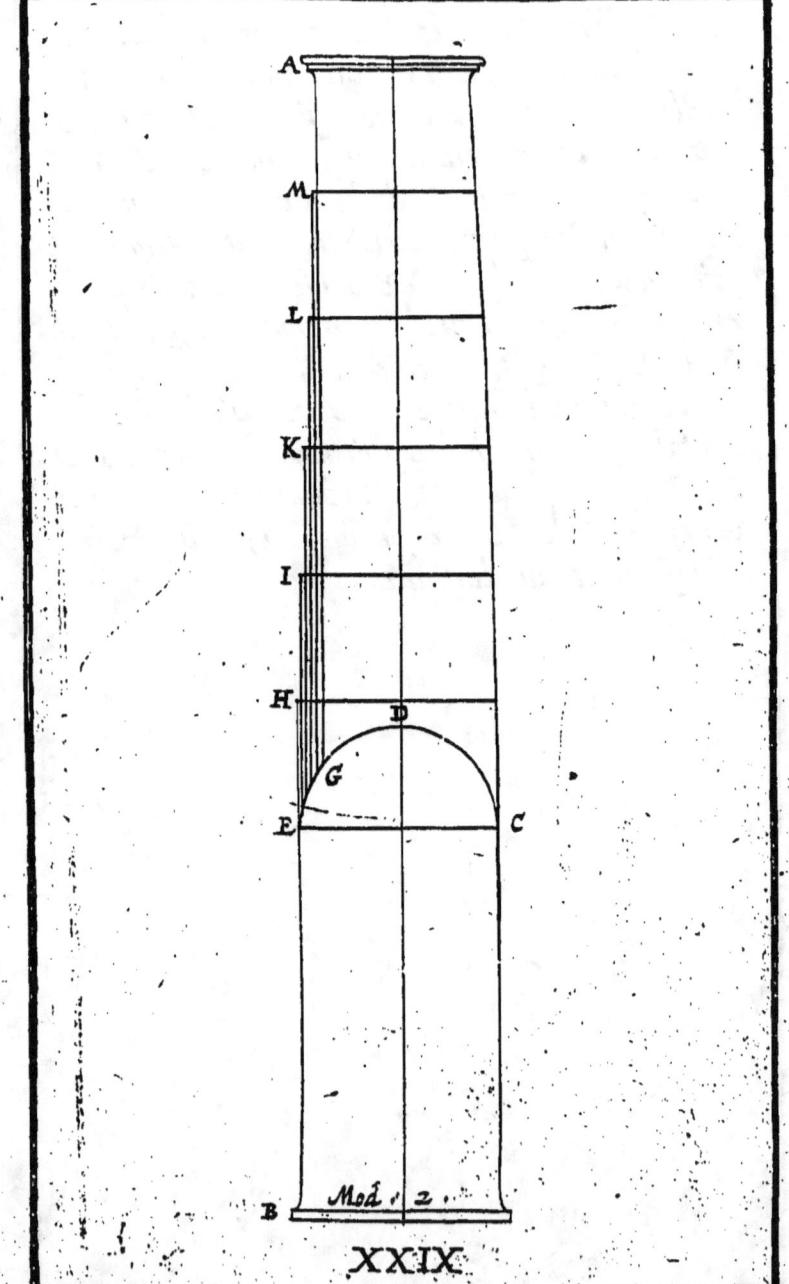

XXIX.

Qvand a cette autre façon je l'ay trouuée de moy mesme et
quoy quelle soit moins cōuenue elle est neantmoins facile a
conceuoir par les lignes, je diray donc qu'ayant resolu les mesures
de la colône on doibt tirer vne ligne a l'infiny en cōmencant par
C. et continuant par D. puis reportant la mesure C. D. au point
A. jusques a ce quelle coupe la perpendiculaire au point B. et
que A. B. soit continuee jusques en E. de la on pourra tirer tant
de lignes qu'on voudra qui partiroit de la perpendiculaire
& jront a la circonference de la colonne sur lesquelles a:
pliquant la mesure C. D. on trouuera tant en hault qu'en
bas l'enfleure de la colonne et cette maniere peult estre apli:
quee a l'Ionique Corinthien et Composé

Que sy l'on veult faire ces colonnes tortes a la maniere de celles
qui sont a S. Pierre de Rome on en doibt faire le plan comme
il est jcy marqué et ce petit cercle du milieu monstre de combi
en elle est torte lequel estant diuize en 8. parties et ayant tire
ces 4. lignes paralelles a la perpendiculaire on diuisera tout
te la colonne en 48. parties et l'on formera cette ligne spira:
le par le meilieu qui sert de centre a la colône sur laquelle on
raportera la grosseur de la colonne droitte ligne par ligne com
me jl paroist jcy mais il fault prendre garde que les 4. nom
bres 1. 2. 3. 4. marques sur le plan sont pour seruir seuleme
nt jusques a la premiere demy montee pour ce que le
commancement part du centre et qu'il fault de la en haut.
le suiure par le tour du petit cercle jusques a la derniere
demy montee d'en hault ou il se fault encore seruir
des quatre premiers pointz d'en bas.

Mod. 2.

Mod. 1.

D   Mod.1.P.34.   C

Mod. 2.

Mod. 2.P.4.

XXX

C Efte Corniche, que j'ay mis en œuure par pluſi:
curs fois pour l'accompliſſement de frontiſpi:
ces, et trouue eſtre fort aggreable quoy qu'elle ſoit
de mon jnuention, ne m'a pourtant ſemblee jmpertine:
nte pour ſatisfaction de ceux qui s'en voudront ſer:
uir, d'eſtre miſe jci ſur la fin de ce petit œure. Sa pro
portion auec le frontiſpice eſt telle, que tout la haute:
ur eſtant diuiſee en onze parties, il en demeure vne
pour la Corniche et dix pour le frontiſpice. le reſte
ſe voit aſſez clairement.

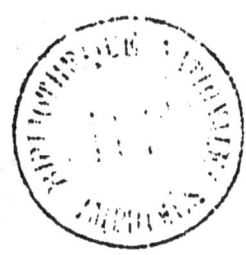

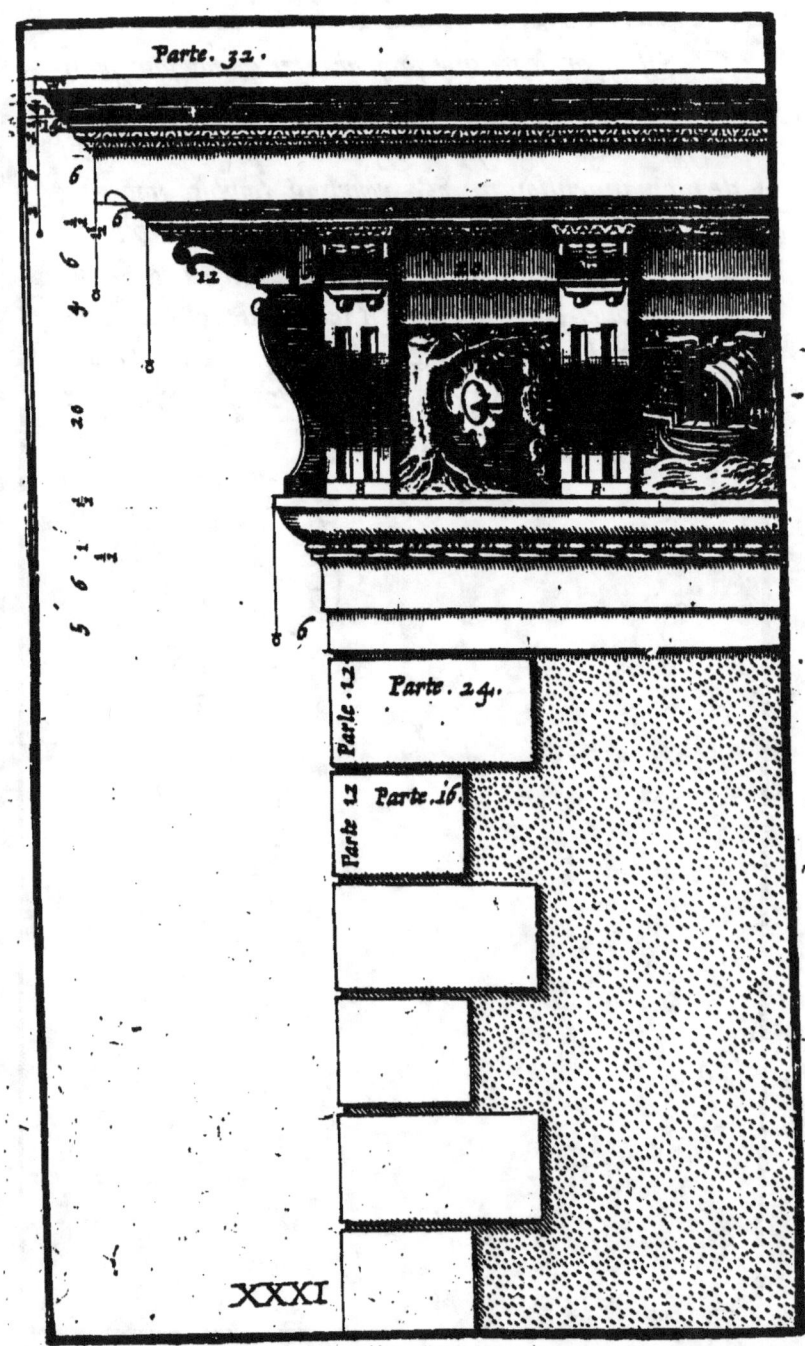

Parte. 32.

Parte. 24.

Parte. 16.

XXXI

PLan et ornement du desoubs de la corniche de lor-
dre Dorique comme elle est sy deuant a la figure 50

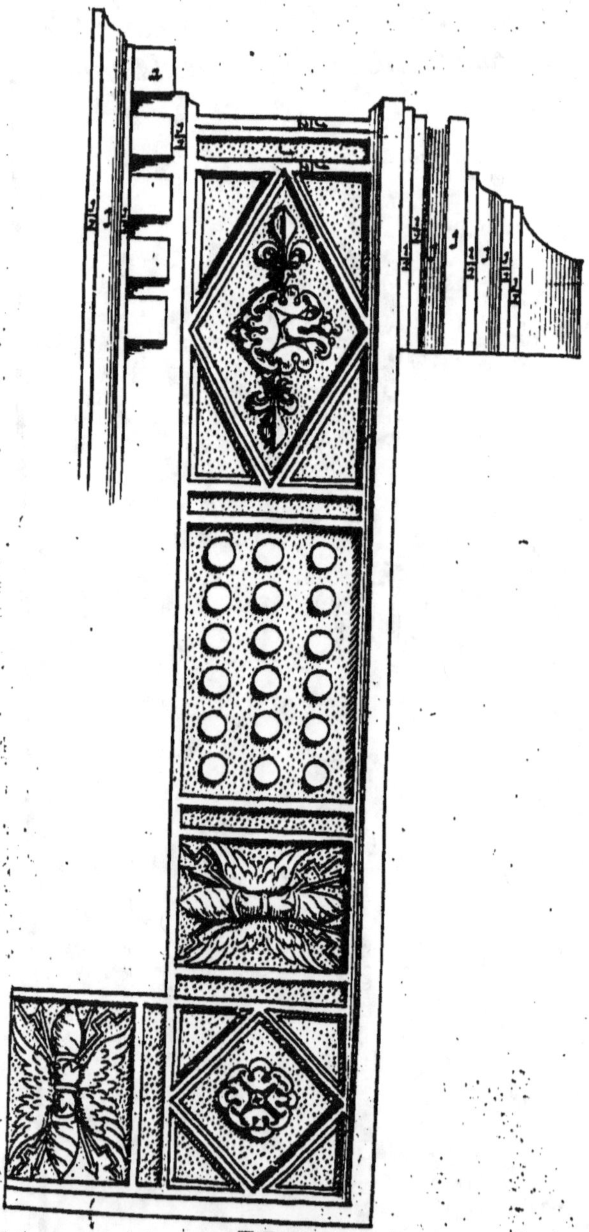

XXXII

PLan et ornement du deſſoubs de la corniche de lor:
dre Dorique comme elle eſt ſy deuant a la figure .11.

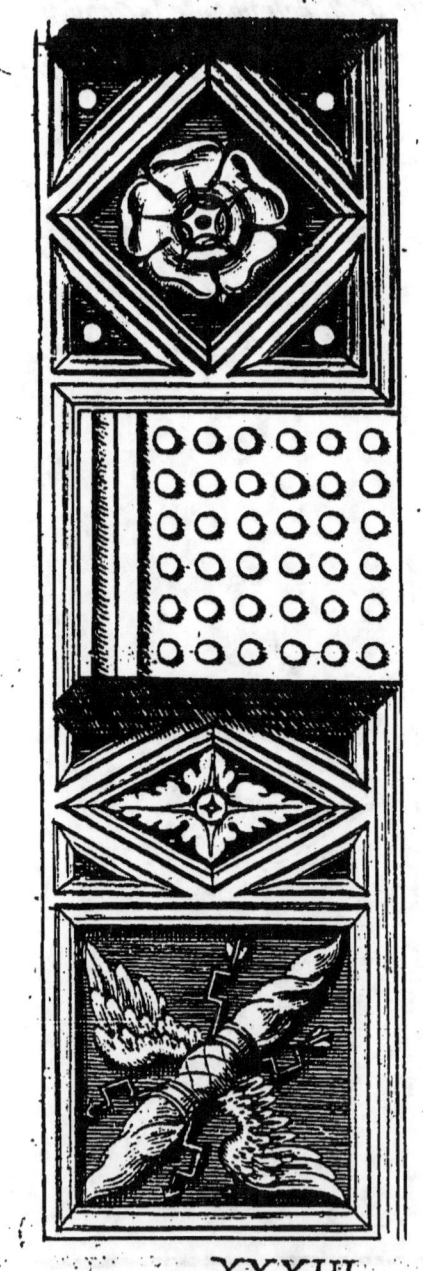

XXXIII

A . C Orniche de l'jmposte Corinthien

B . C Orniche de l'jmposte Ionique

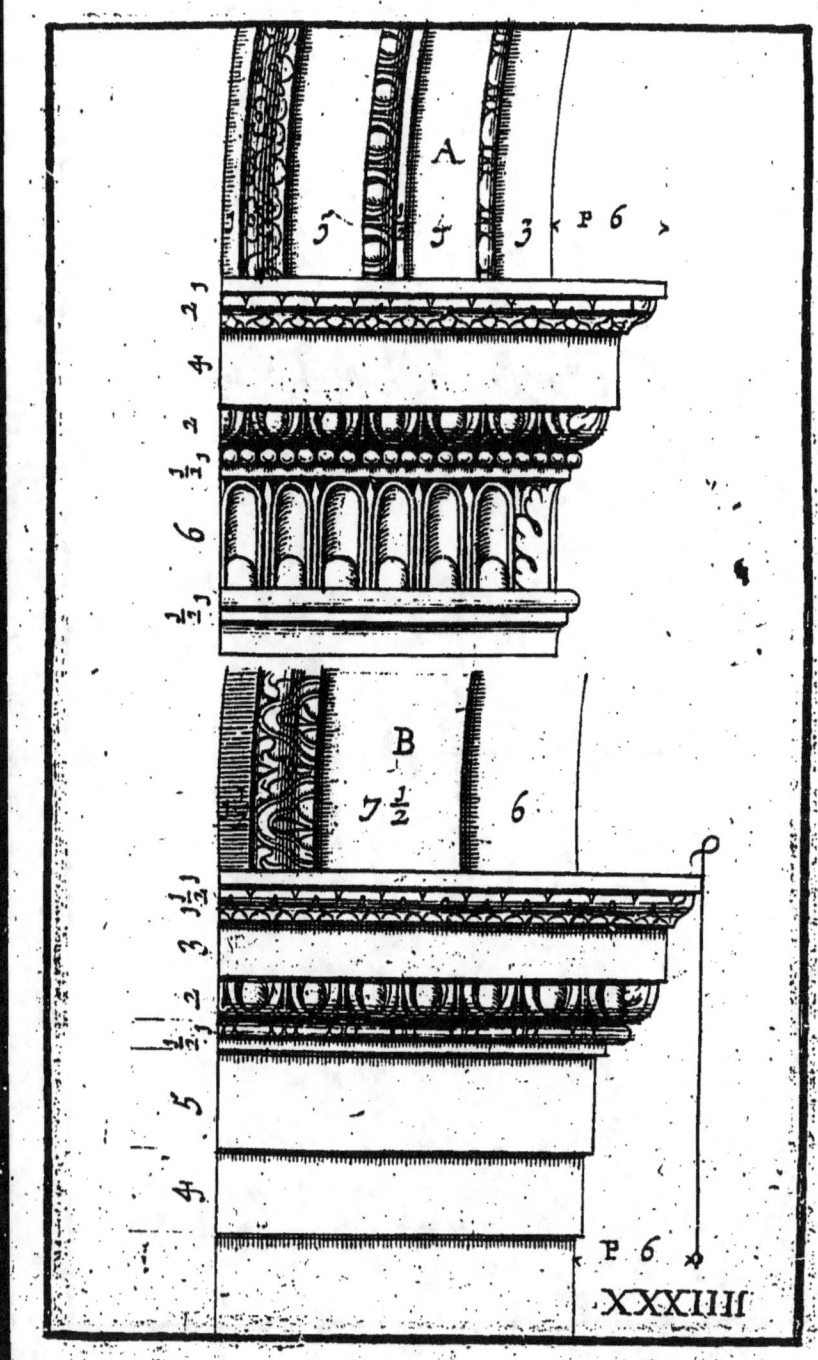

XXXIIII

Plan et ornement du desous de la Cor=
niche de l'ordre corinthienne

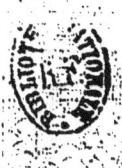

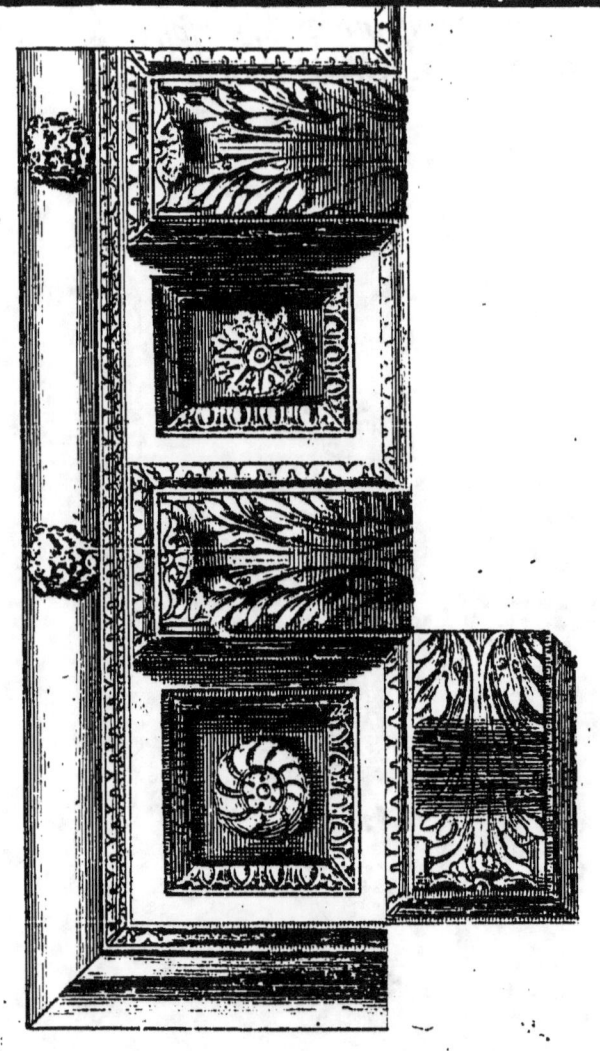

XXXV

72

A. P^{Lan et ornement du desous de} la Corniche de l'ordre Composé

B. P^{Rofil du Chapiteau de} l'ordre Ionique

C. P^{Lan et ornement du desous de} la Corniche de la figure 31me

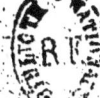

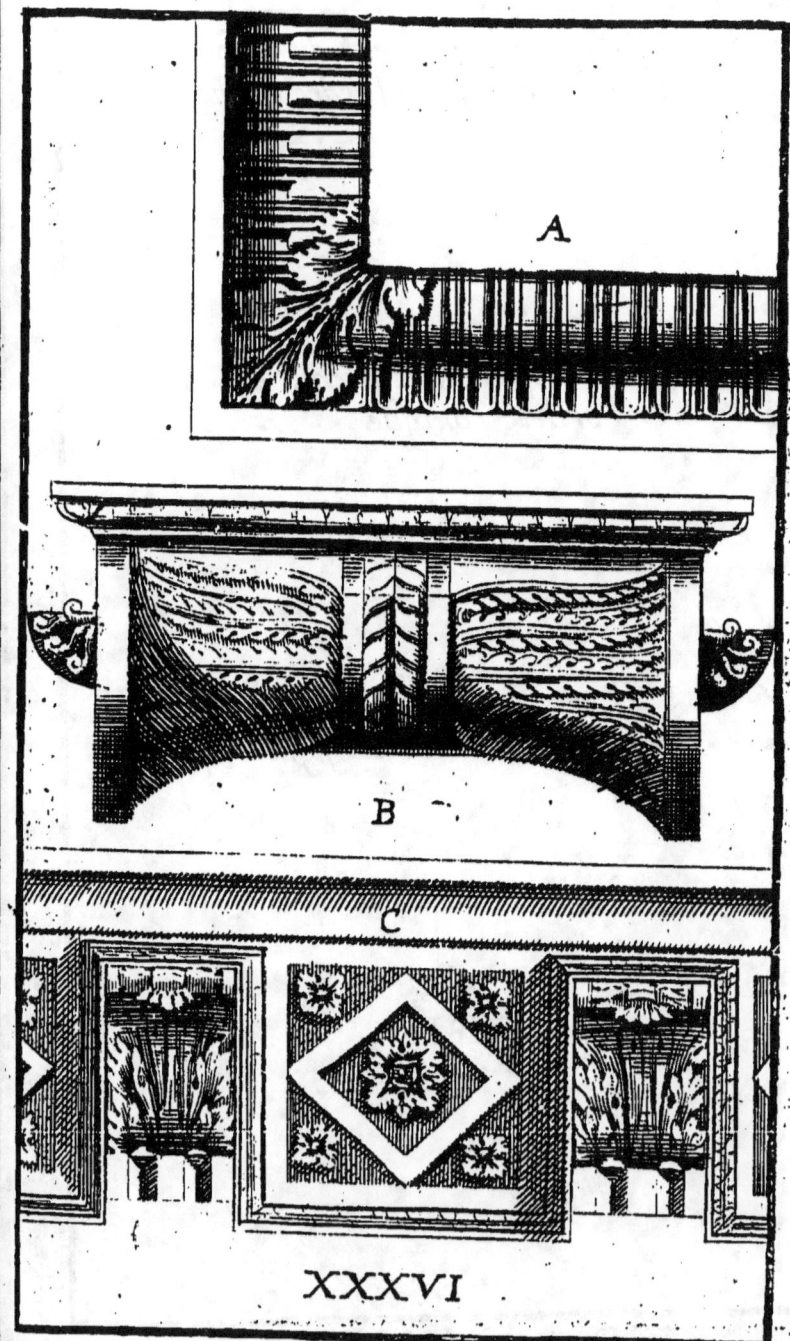

A

B

C

XXXVI

CEste Porte est d'œuure Rustique, et sont si
bien composées ensemble les pierres d'icelle,
qu'encor qu'il n'y eut ni chaux ni autre mixtion si
sont elles suffisantes de regir toute edifice pour
grand qu'il soit.

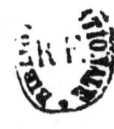

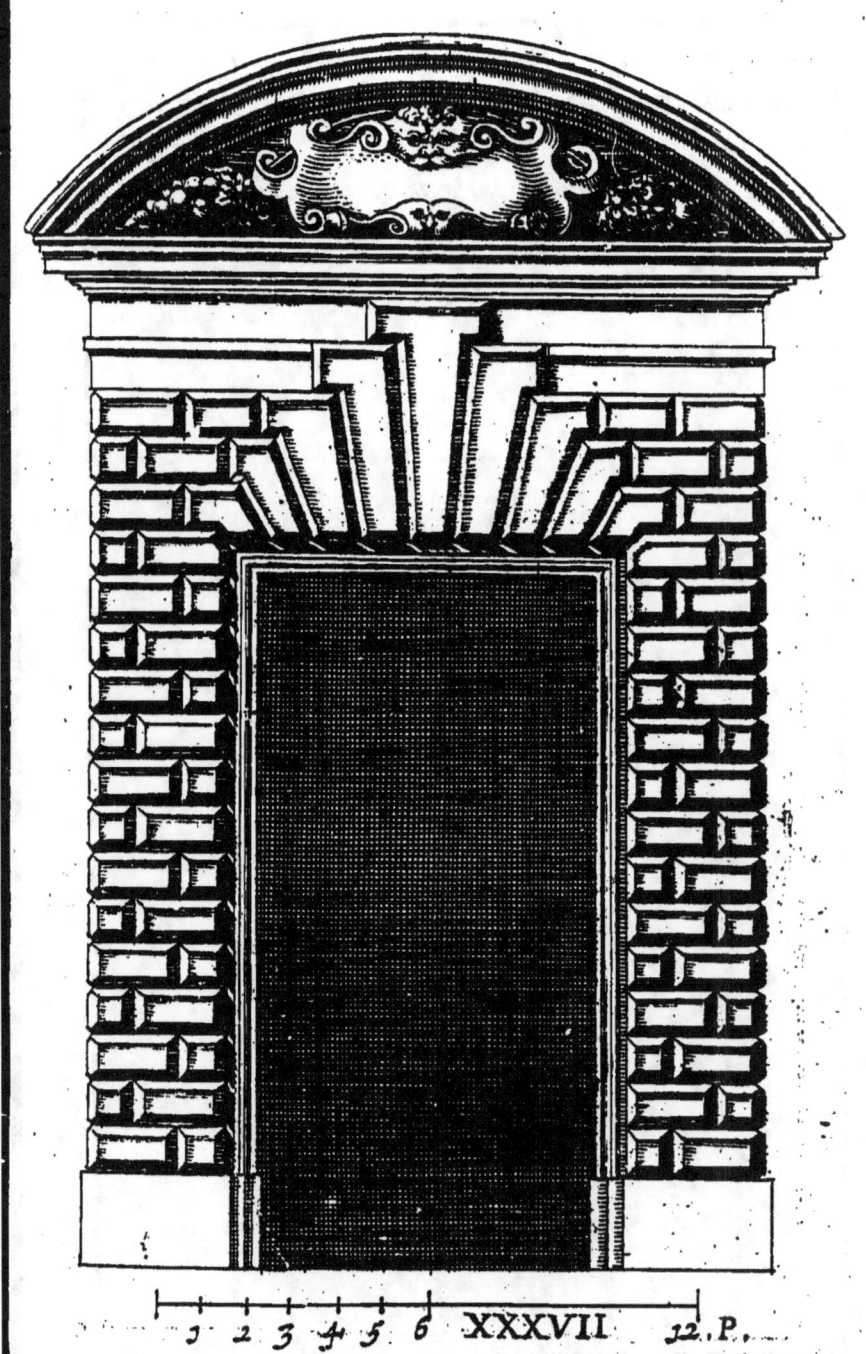

XXXVII

1 2 3 4 5 6 12.P.

POrte de l'édifice du Reuerendissime et Illustrissime Cardinal Farnese a Caprarole

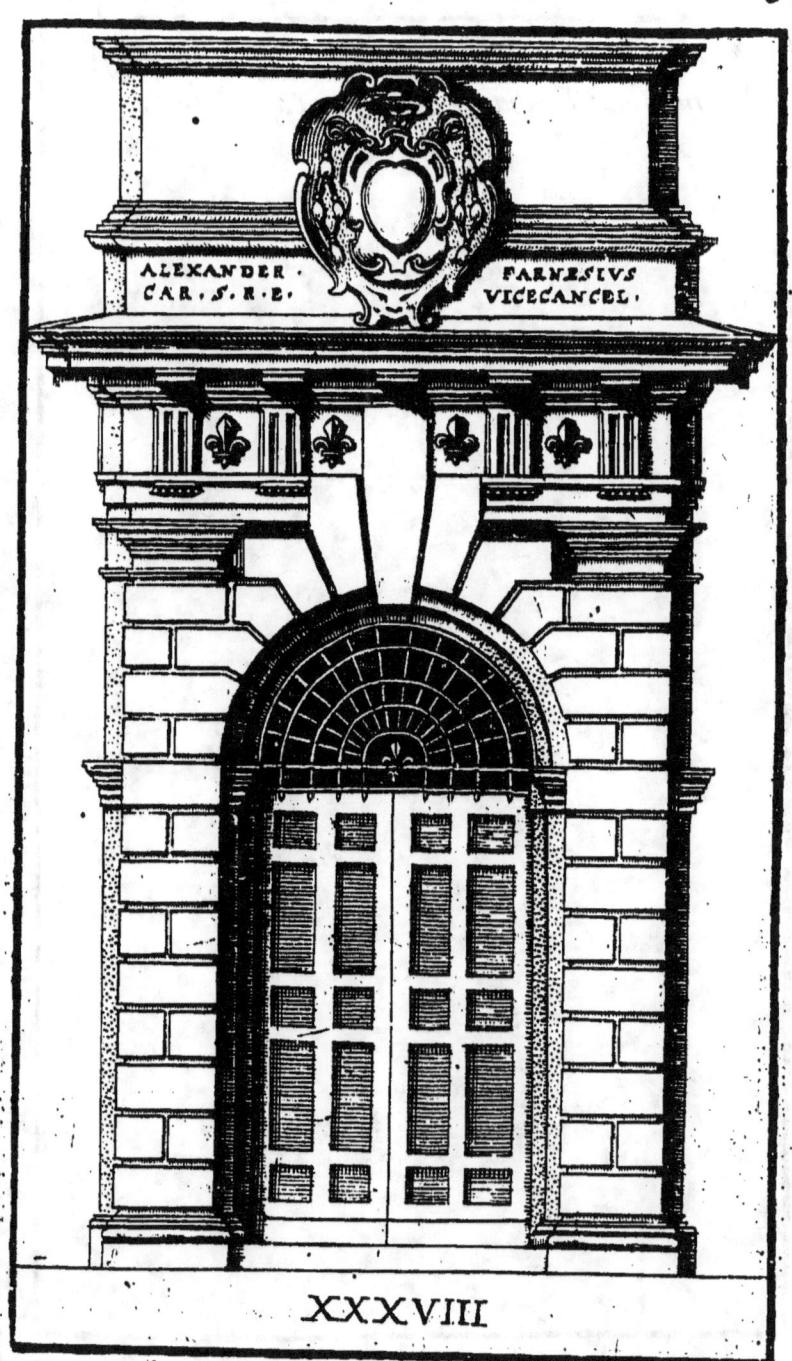

ALEXANDER
CAR. S.R.E.

FARNESIVS
VICECANCEL.

XXXVIII

POrte desseignee au service de l'illustrissime &
Reuerendissime Cardinal Farnese pour l'entree
principale du Palais de la Chancelerie.

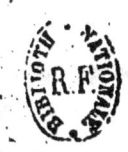

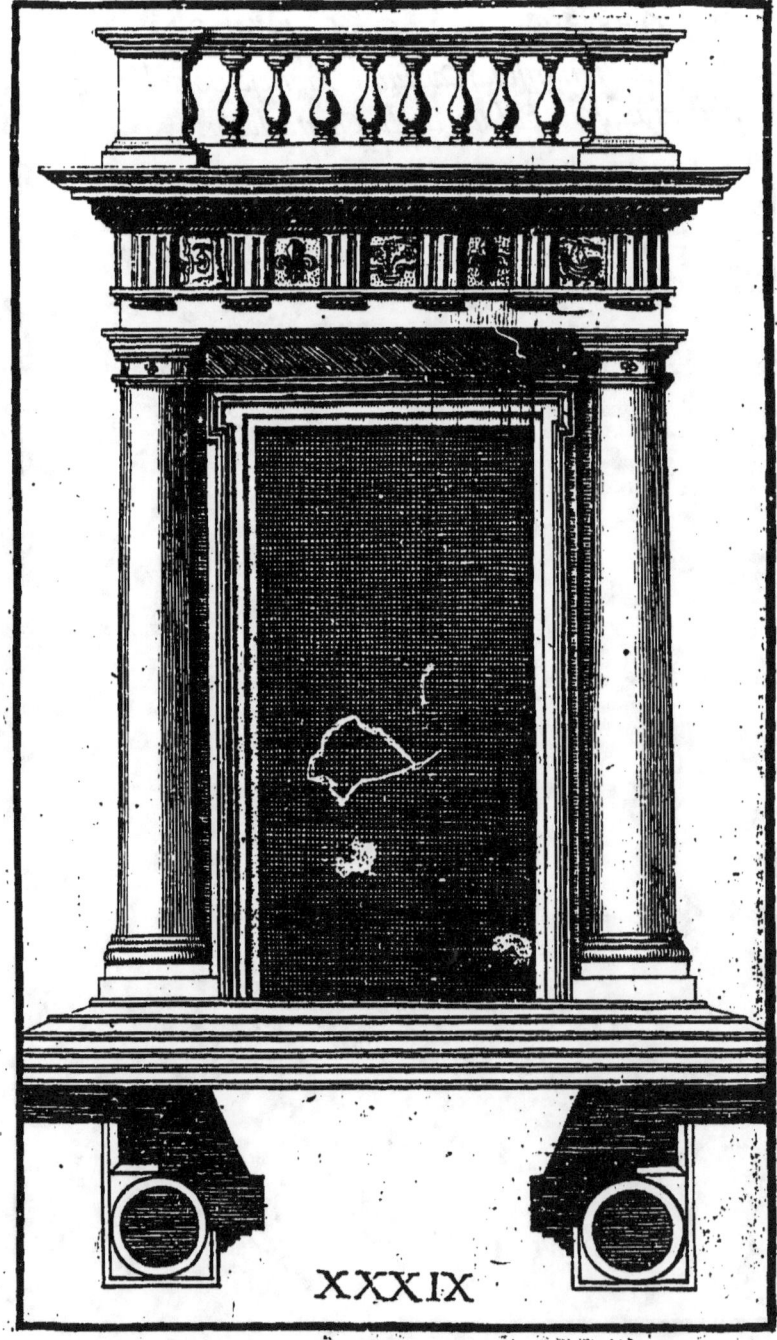

XXXIX

Porte du Iardin du tres-illustre et tres-excellent Seigneur le Duc Sforce

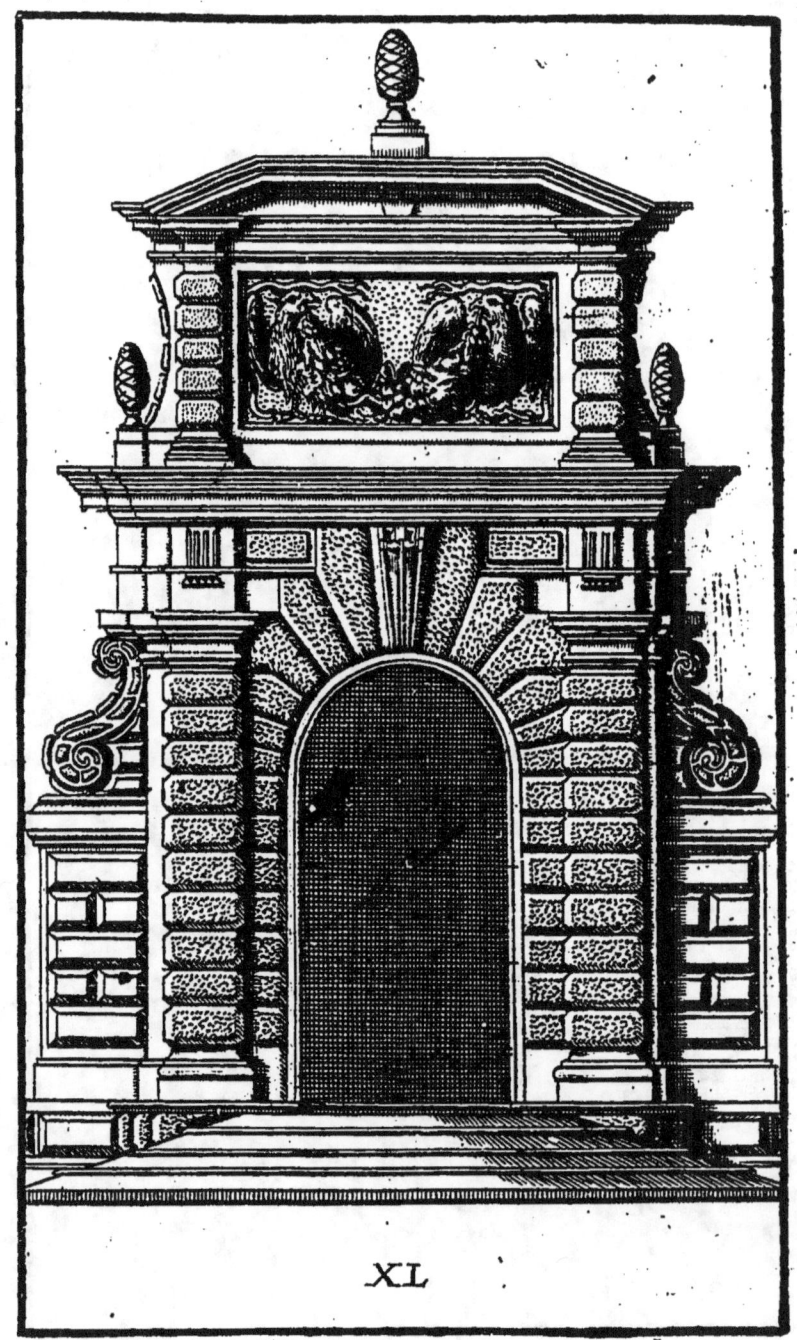

XI

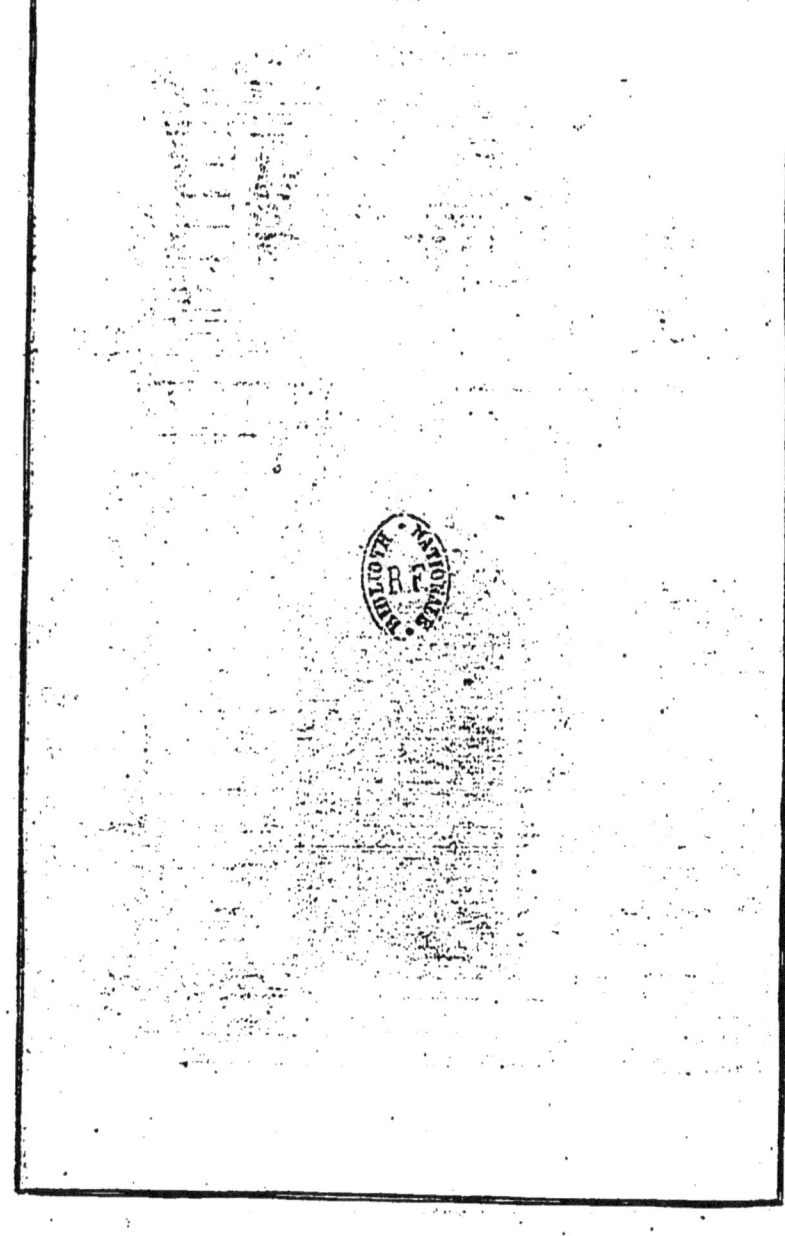

Porte de la Vigne du Reuerendiſſime Patri-
arche Grimani a la Strade Pie

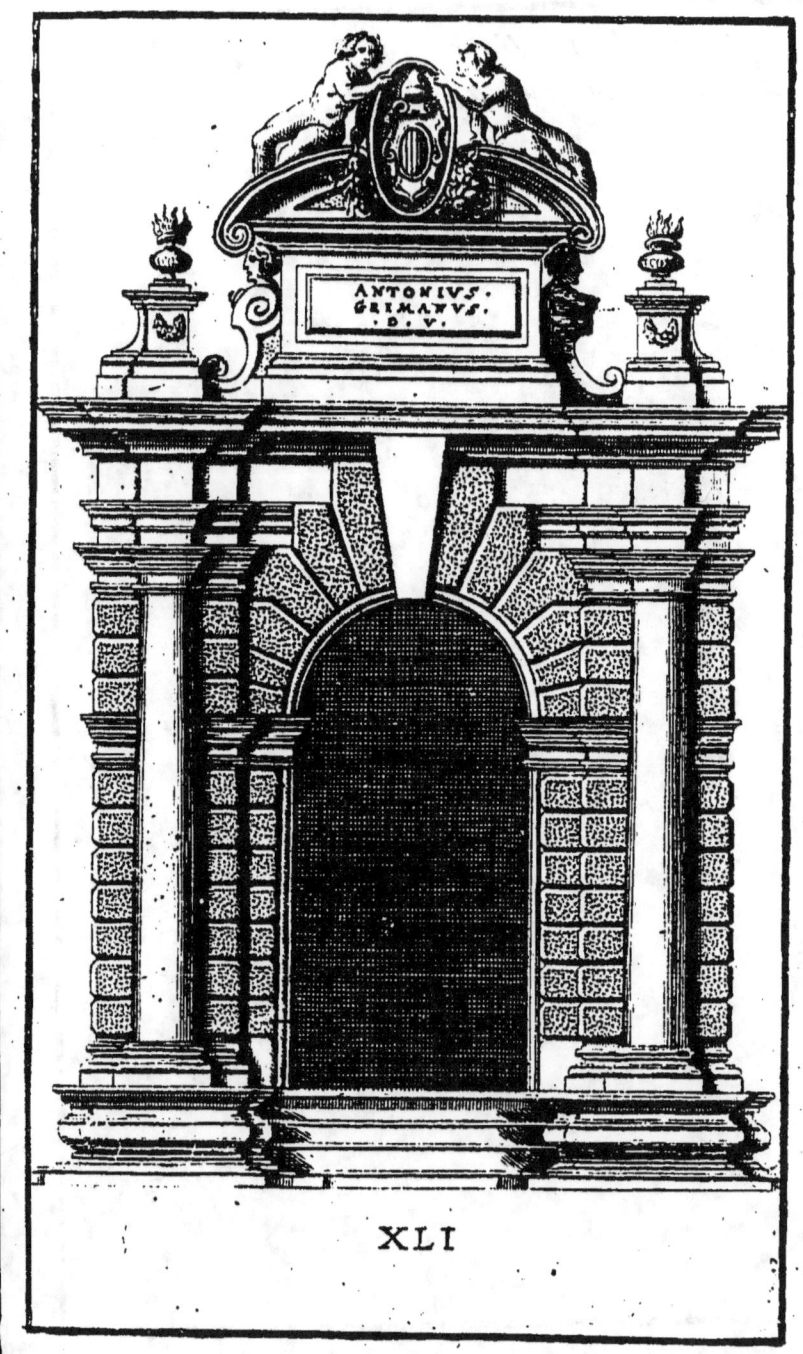

XLI

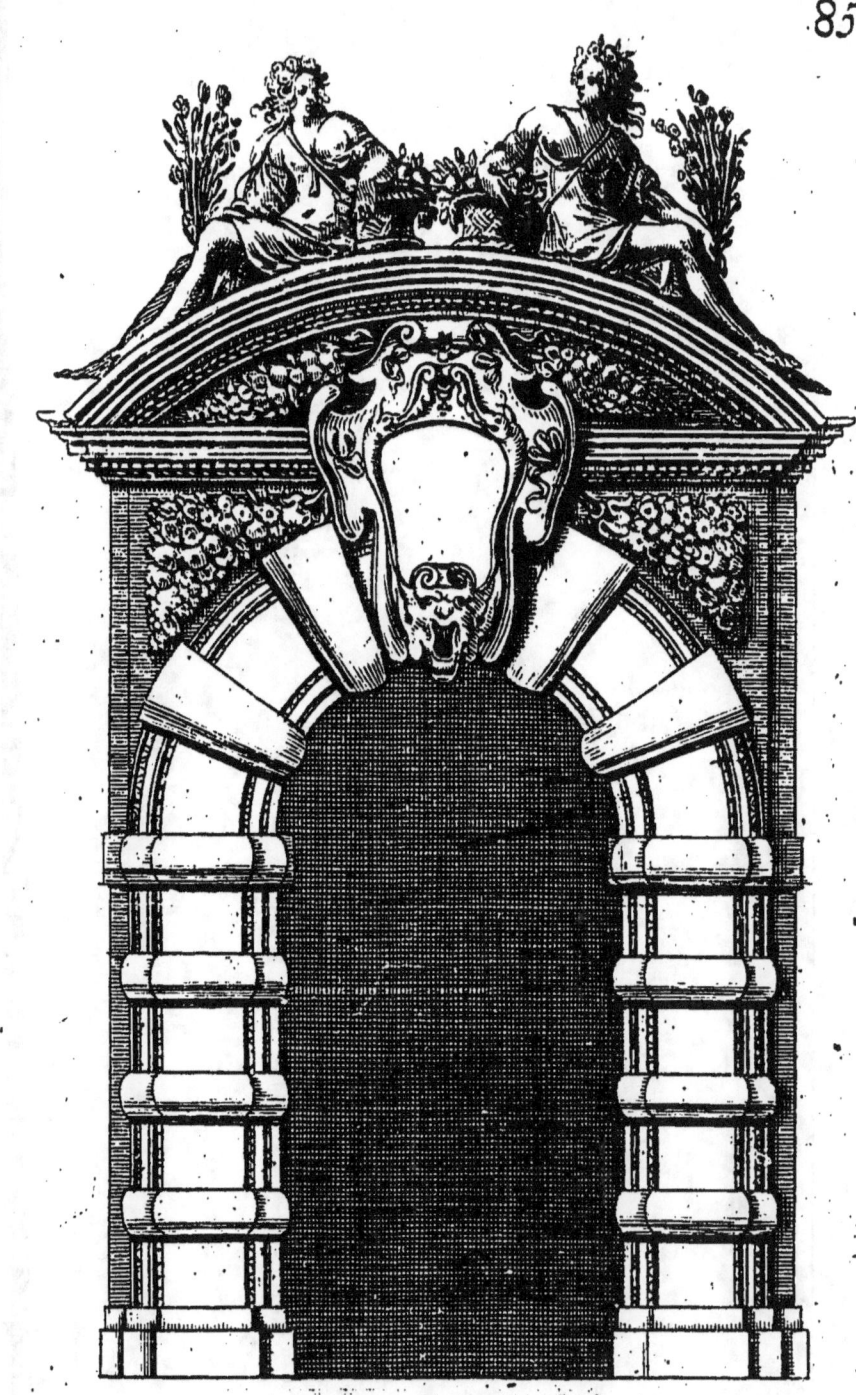

XLII

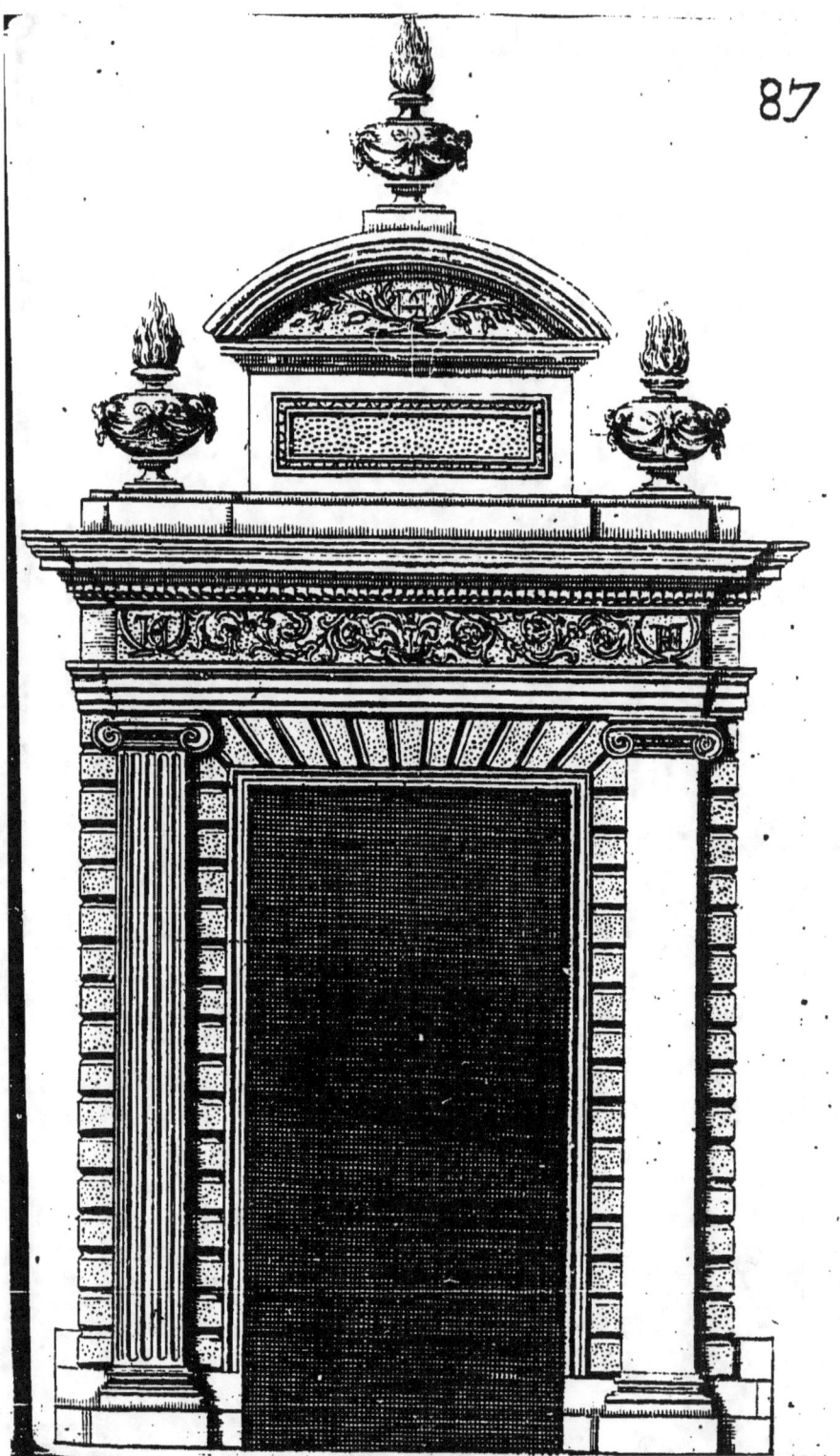

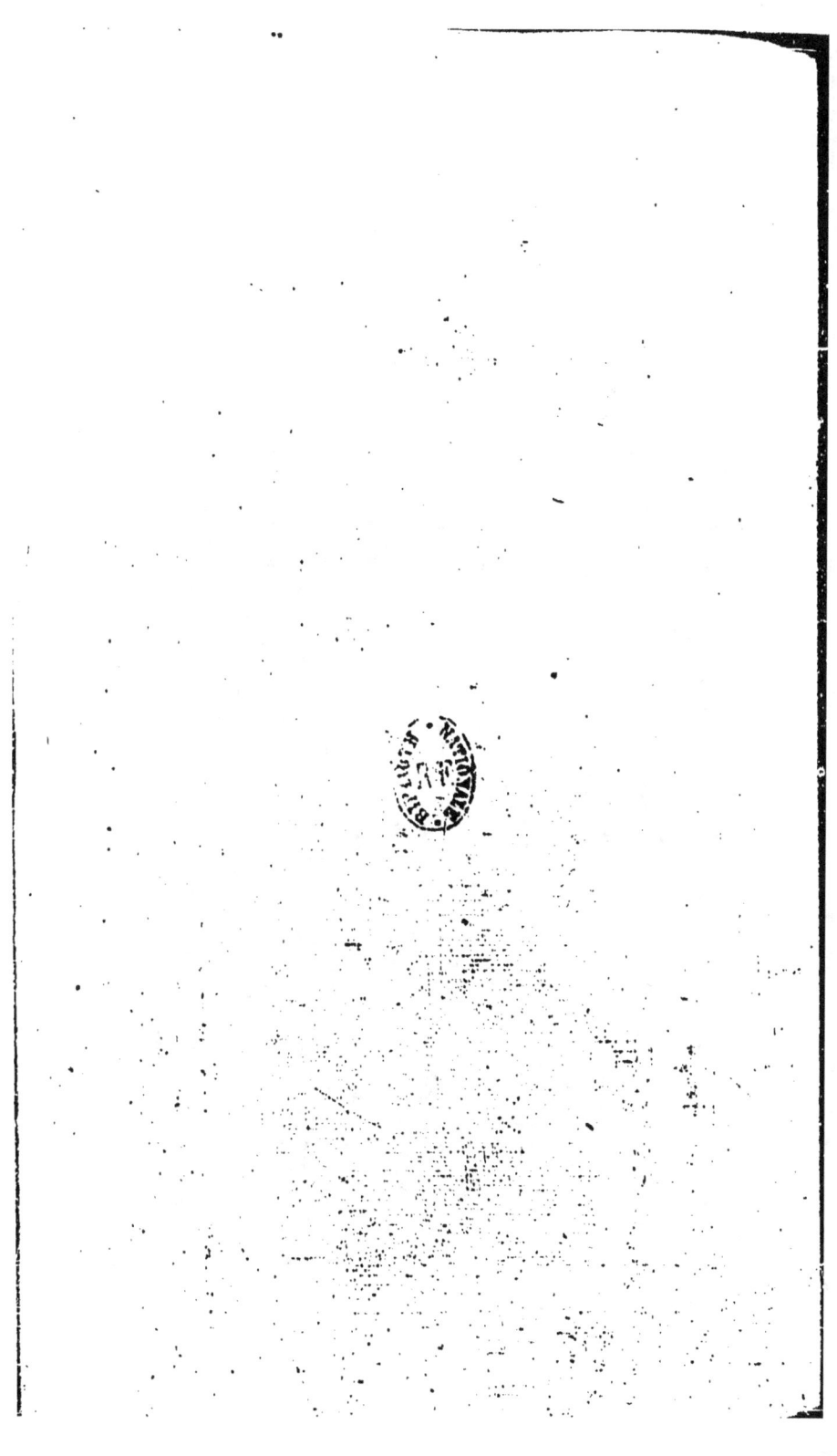

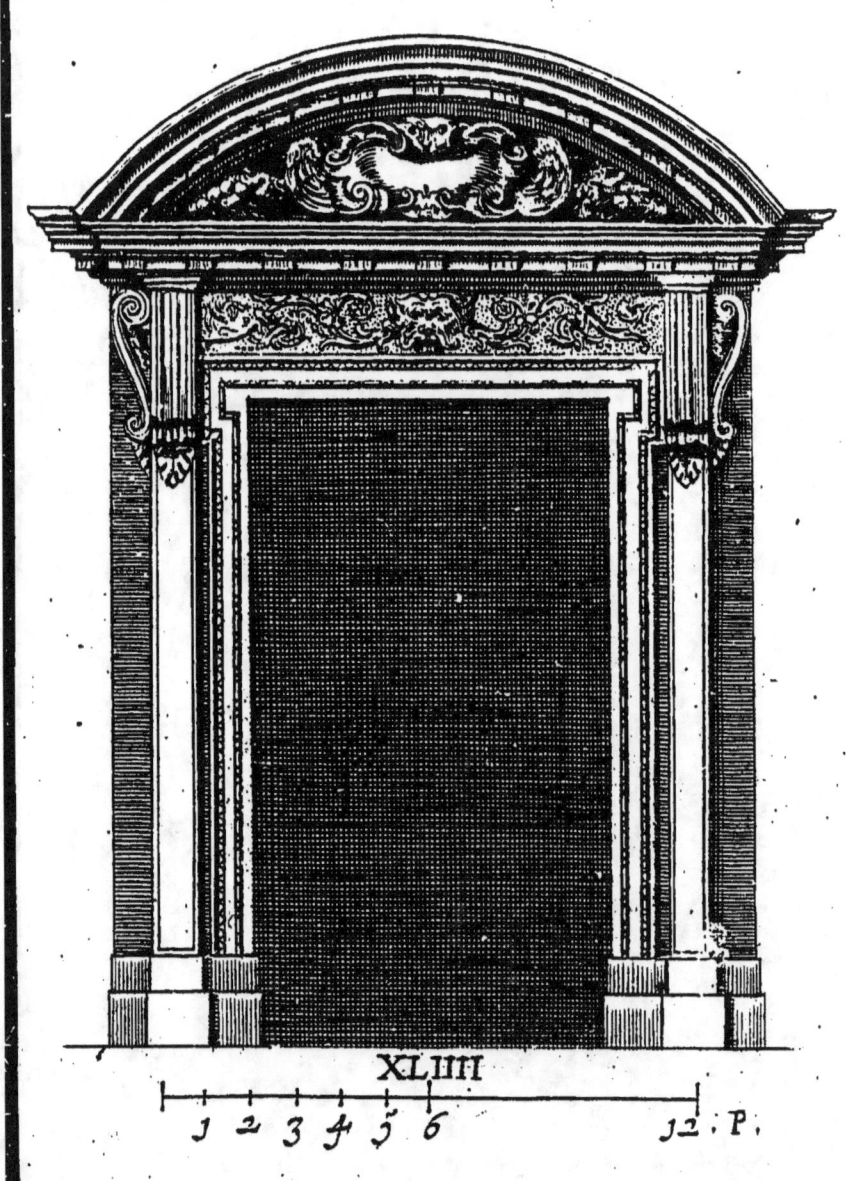

XLIIII

1 2 3 4 5 6   12 : P.

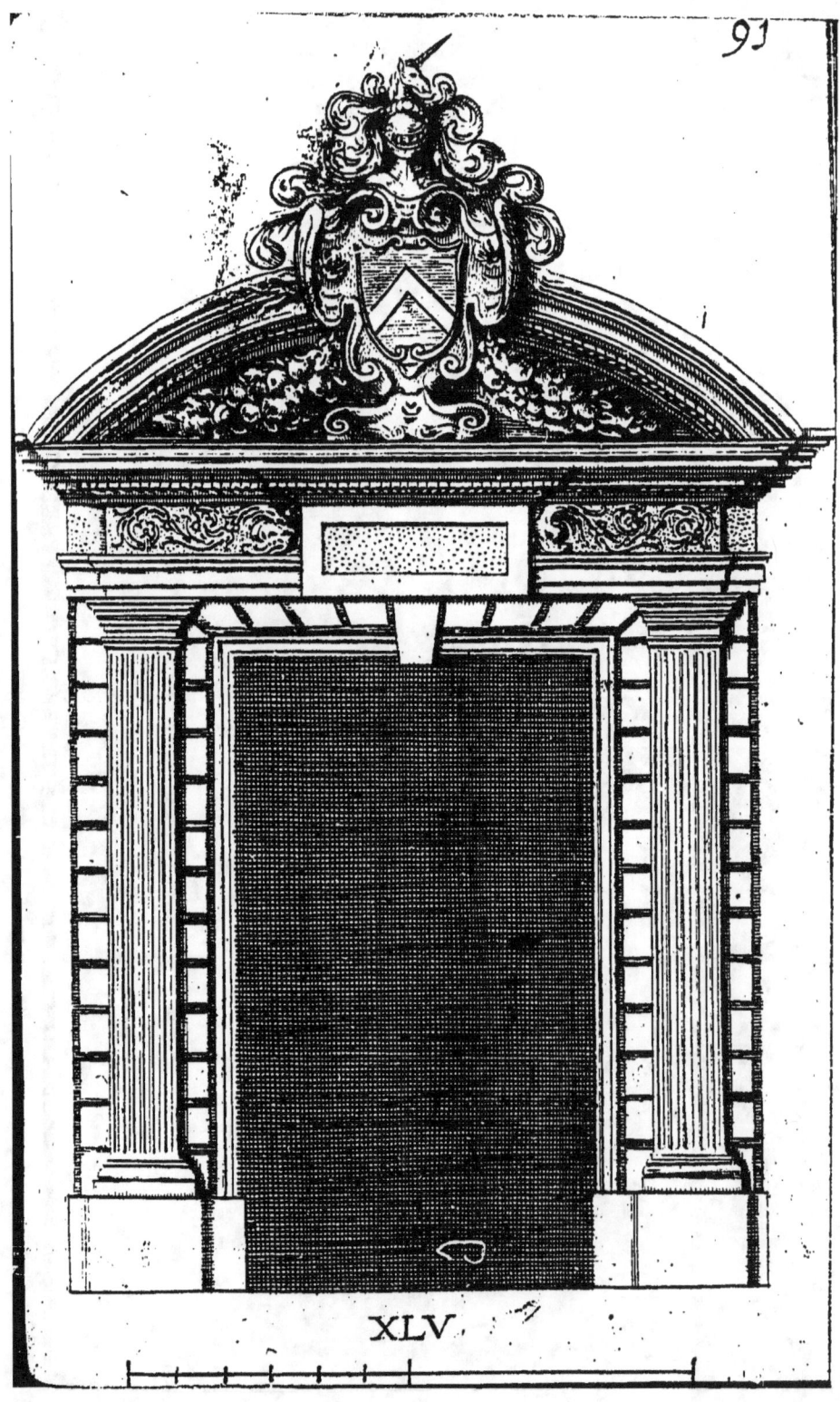

XLV

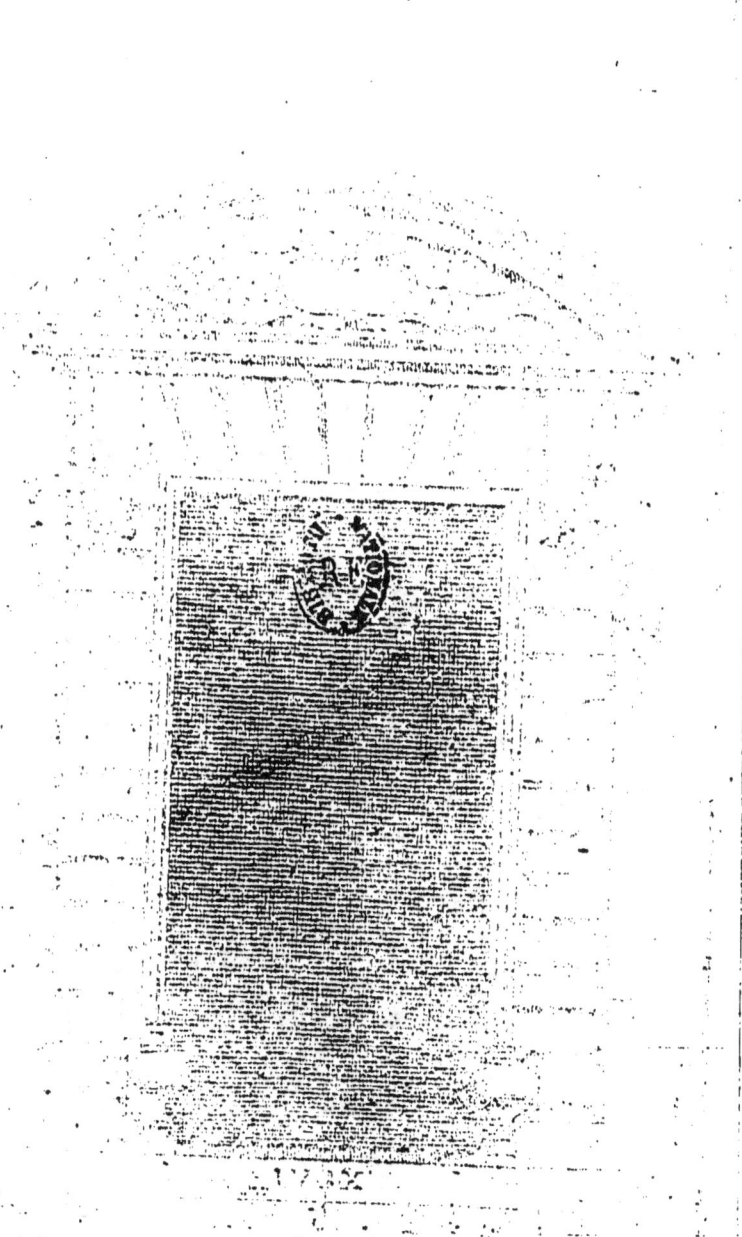

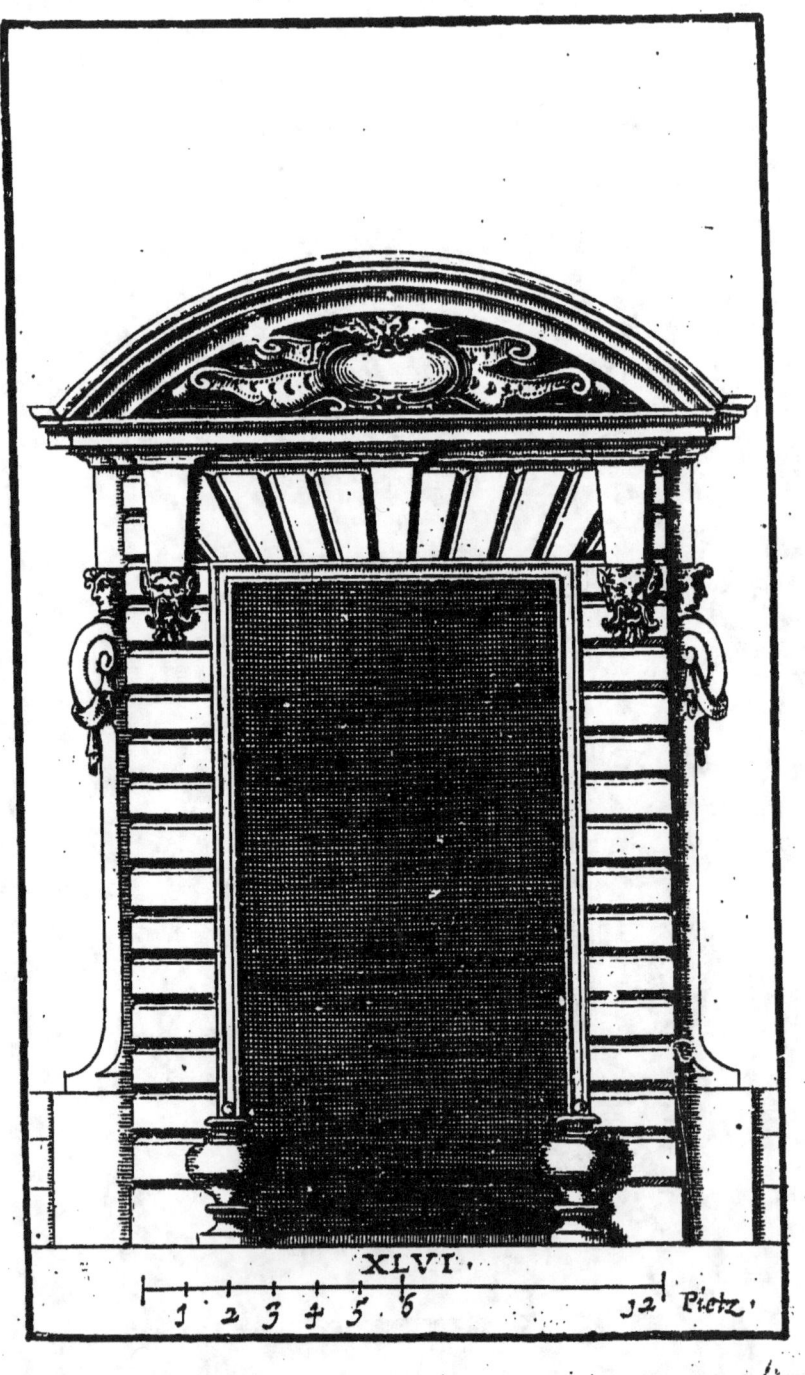

XLVI.

1 2 3 4 5 6

12 Pietz.

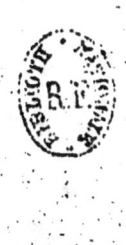

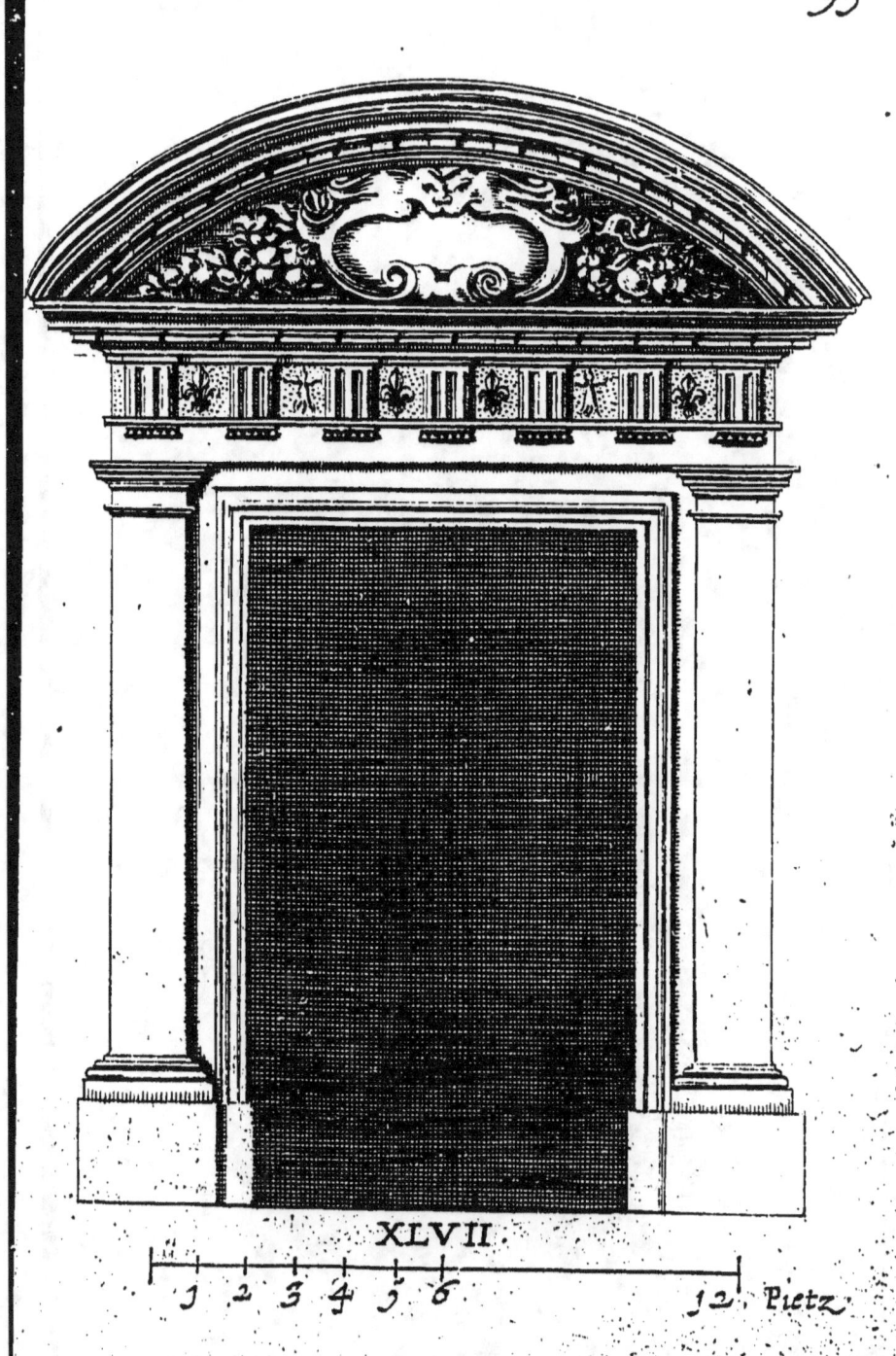

XLVII.

1 2 3 4 5 6

12 Pietz

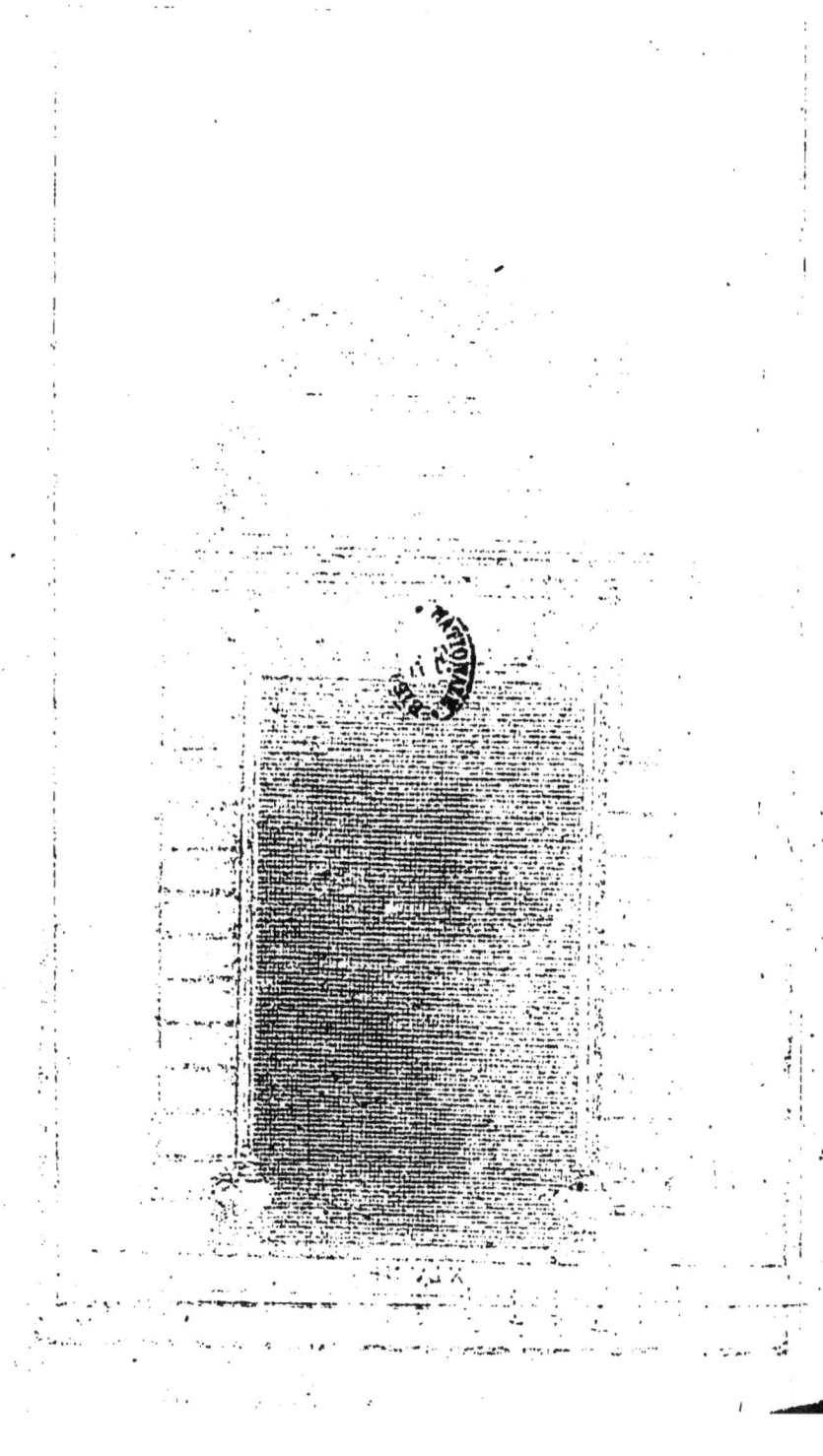

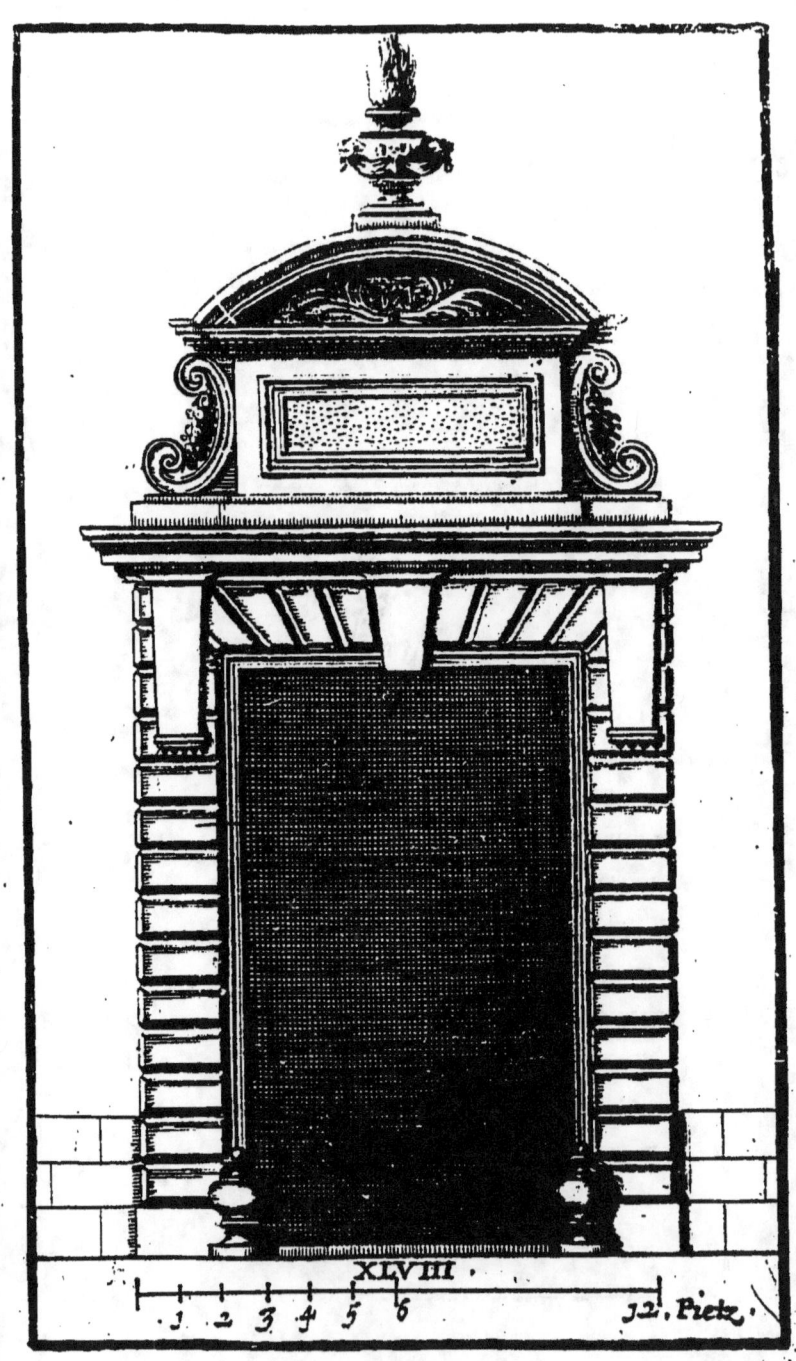

XLVIII.

.1 .2 3 .4 5 .6

12. Pietz.

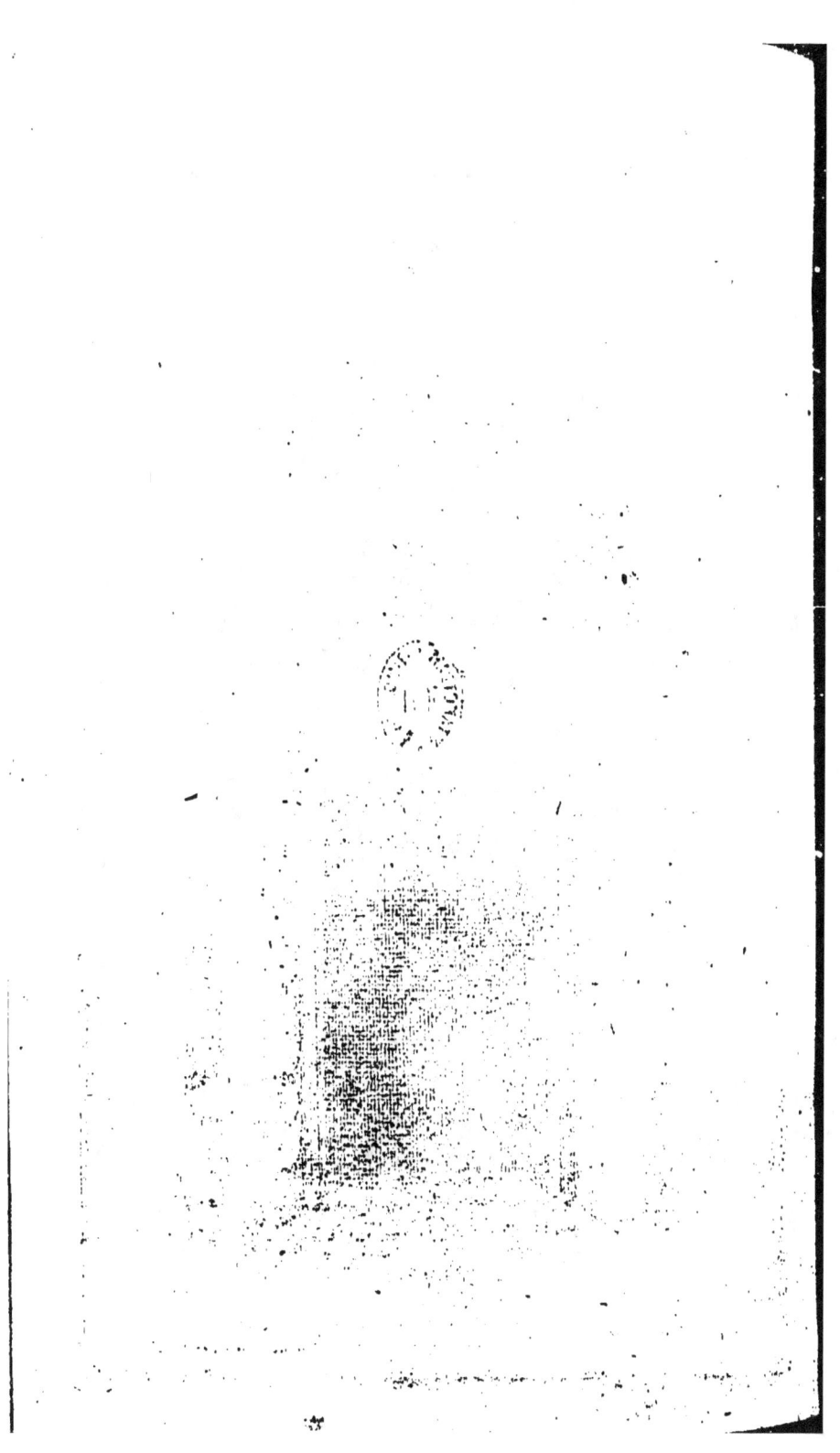

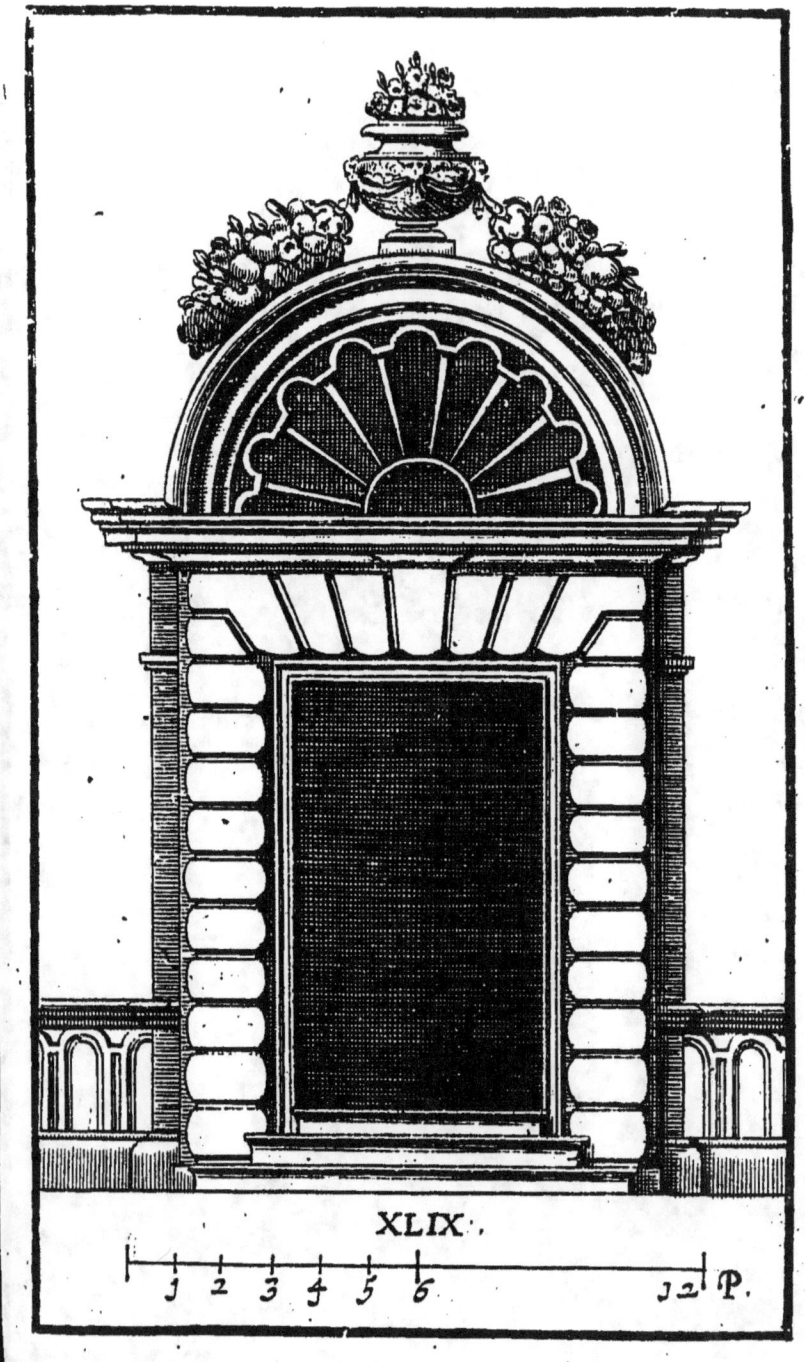

XLIX.

1 2 3 4 5 6   12 P.

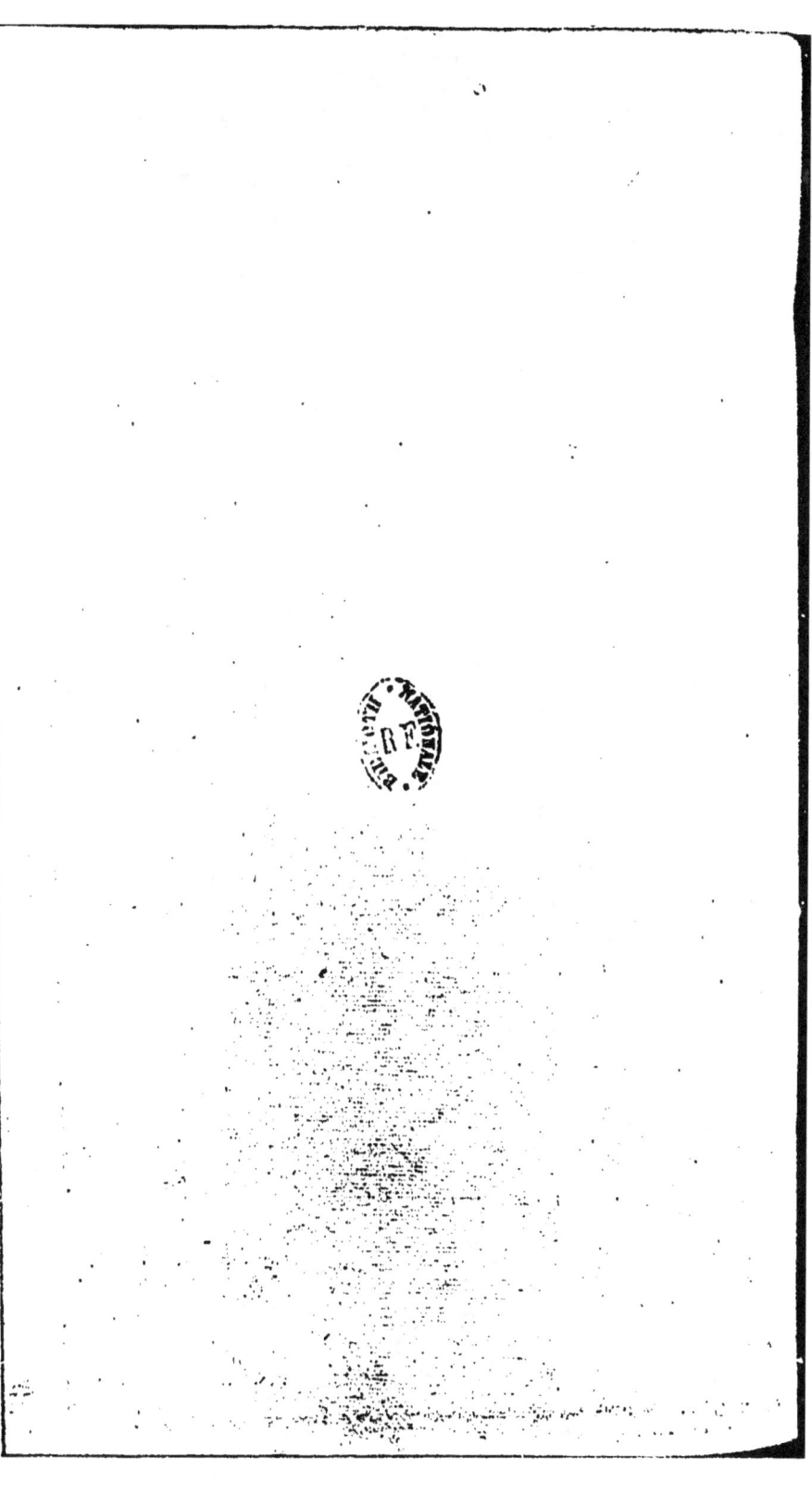

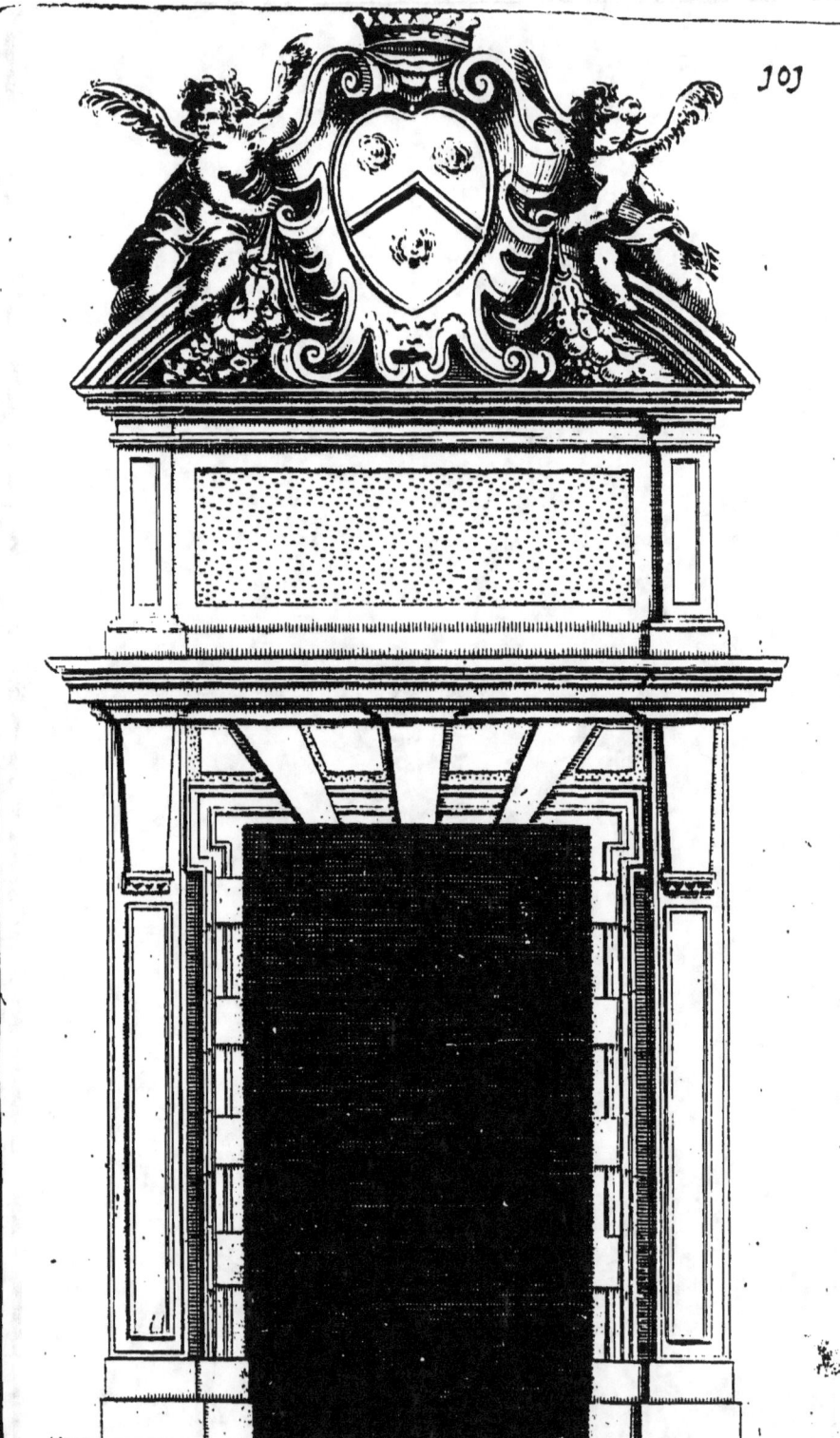